Vergeben ja, vergessen nie

Reihe Psychopädie
Band 1

Jakob Derbolowsky

Vergeben ja, vergessen nie

Die eigene Vergangenheit: Kraftquelle oder Last

Herstellung: Books on Demand GmbH, Norderstedt, Germany
Titelzeichnung: Astrid Lenné
Verlag: Psychopädica, Germering, www.psychopaedica.de

Quelle Autorenfoto auf dem Umschlag: AOK Bayern

Die Deutsche Bibliothek – CIP Einheitsaufnahme:
Derbolowsky, Jakob: Vergeben ja, vergessen nie

Psychopädica Verlag, Germering 2014

Bibliografische Information der Deutschen Nationalbibliothek:
Die Deutsche Nationalbibliothek verzeichnet diese Publikation in der Deutschen Nationalbibliografie; detaillierte bibliografische Daten sind im Internet über http://dnb.dnb.de abrufbar.

1. Auflage, Psychopädica/BoD, Germering 2014

ISBN: 978-3-933400-21-5

Als E-Book ISBN: 978-3-933400-22.2

Buchreihe Psychopädie

Die Psychopädie ist eine umfassende Lehre vom Menschen und von seinem Leben. Zugleich enthält sie ein methodisches Konzept, wie man sein Leben selbstverantwortlich in den Griff bekommen und führen kann. Diese Lehre wurde von Udo Derbolowsky geschaffen und von mir weitergeführt. Leitlinie der Psychopädie ist das universelle Liebesgebot. Es lautet kurz gefasst: „Liebe Gott über alles und deinen Nächsten wie dich selbst.“

Die inhaltliche Vielfalt dieser Lehre umfassend zu beschreiben, würde den hier zur Verfügung stehenden Rahmen sprengen. Deshalb wurde eine Buchreihe mit dem Obertitel „Psychopädie nach Dr. Udo Derbolowsky“ konzipiert mit dem Ziel, in kleineren Schriften in einem unregelmäßigen Erscheinungsrhythmus jeweils einzelne Facetten herauszugreifen und sie ausführlicher darzustellen. Grundlage sind Aufsätze und Schriften aus der Hinterlassenschaft von Udo Derbolowsky, von denen einige im Original übernommen wurden, sowie Ergebnisse von Weiterentwicklungen und Erfahrungen, die sich im Laufe der Zeit aus meiner täglichen Arbeit mit der Psychopädie und der Weitervermittlung der Lehre in den Kursen ergeben haben.

Diese Reihe beginnt mit diesem Band zum Thema „Vergangenheit“. Alle Bücher dieser Reihe sind so aufgebaut, dass jedes Kapitel für sich allein stehen kann, so wie eine einzelne Blume aus einem Blumenstrauß. Die Leser und Leserinnen können sich daher die Reihenfolge ihrer Lektüre ganz nach ihrem Geschmack zusammenstellen und auch „Kapitelhopping“ machen, ohne dass dabei der inhaltliche Zusammenhang verloren geht.

Inhaltsverzeichnis

Einführung

Das Leben spielt sich auf einer Zeitlinie ab. Sie geht von der Vergangenheit über das Jetzt und Hier in die Zukunft. Den Anfang kennen wir, das Ende ist für uns offen. Unser Leben spielt sich an der Stelle ab, wo die Zukunft in die Vergangenheit übergeht. Dieser Moment ist das Jetzt und Hier, in dem wir leben, die Gegenwart. In dem Augenblick, da wir sie als solche wahrnehmen, ist sie jedoch bereits Vergangenheit geworden. Wir müssen es so annehmen, wie es ist. Was einmal geschehen ist, können wir nicht ändern. Selbst wenn wir das manchmal sehr gerne täten oder noch lieber mit einem Neuanfang vergessen machen möchten.

Erfreulicherweise können wir Vergangenes jedoch immer wieder neu und immer wieder anders bewerten. So wie beispielsweise Historiker das machen. Jede Epoche hat ihre eigene Deutung des in früherer Zeit Vorgefallenen. Deshalb enthalten Geschichtsbücher nicht nur eine nackte Darstellung der Fakten der Vergangenheit. Je nach Blickwinkel des Verfassers bzw. des Zeitgeistes wird das Geschehen in unterschiedlicher Weise beleuchtet und bewertet. Ein Ereignis kann da mal als günstig und mal als ungünstig für den weiteren Geschichtsverlauf beschrieben werden.

Unser Handeln spielt sich jedoch ausschließlich im Jetzt und Hier ab. Wie wir handeln, wird gesteuert durch unsere Erfahrungen, durch unsere Vorgeschichte wie auch von den Vorstellungen darüber, wie die Zukunft sein wird und welche Rolle wir darin spielen möchten. Die Beweggründe für unser Handeln sind stets eine Gemengelage aus Vergangenheit und Zukunft.

Hinzu kommt, dass die Menschen unterschiedlich sind. Auf der Grundlage der individuellen genetischen Anlage, des angeborenen Naturells, steuert der eine sein Leben bevorzugt von seiner Vergangenheit her. Er lebt also eher vergangenheitslastig. Das ist erkennbar daran, dass er sein aktuelles Handeln bevorzugt mit seiner Vergangenheit begründet. Diese Begründungen werden stets positiv oder negativ eingefärbt. Mal dient die Vergangenheit als gute Grundlage: „Mit dem Erlernten lässt es sich gut und weise leben", „Mir kann wenig passieren, ich habe so vieles erlernt", mal als Begründung dafür, warum es schwer ist, die Zukunft zu bewältigen: „Früher war alles besser", „Das kenne ich, das funktioniert nie!" oder „Wegen meiner schlechten Kindheit/wegen meiner Umgebung usw. kann ich heute nicht anders/habe ich keine Wahl für mein Handeln".

Andere gewichten die Steuerung ihres Lebens mehr von der Zukunft her, die sie wiederum positiv oder negativ einfärben. In ihrem Denken und auch in ihrem Handeln sind sie immer ein paar Schritte weiter als dort, wo sie sich gerade tatsächlich befinden. Sie gehen bevorzugt über die Realität hinweg und richten sich lieber aus auf das, was kommen wird, wie etwas ausgehen wird, was morgen geschehen wird. Sie leben in ihren Gedanken eher in der Zukunft und vernachlässigen die gegenwärtige Realität und vor allem die Vergangenheit.

Bei ihnen ist es oft so wie in der Geschichte von Hans Guck-in-die-Luft in dem berühmten Buch „Struwwelpeter": Hans schaut, während er geht, in die Luft und übersieht die Wirklichkeit des aktuellen Geschehens, die Gegebenheiten des Weges, auf den er seine Füße setzt. Schließlich stürzt er in ein von ihm übersehenes Gewässer. Ähnlich kann es zugehen bei der in der Wirtschaft oft vorgenommenen jährlichen

Zielvereinbarung mit Mitarbeitern. In ihr wird festgeschrieben, was der Betreffende am Ende des Jahres erreicht haben wird, wenn der Weg dahin wie geplant verläuft. Fixiert sich der Betreffende darauf, das heißt, führt er sich das angestrebte Ergebnis von da ab täglich vor Augen, dann steht das Ziel sozusagen wie ein Brett vor seinem Kopf und verstellt ihm den Blick auf die Gegenwart mit ihren Erfordernissen und verhindert oft das Erreichen des festgelegten Ziels.

Erfolgt die Gewichtung stark einseitig in eine dieser Richtungen, dann sprechen wir bei den Betroffenen entweder von einem „Fantasten" oder von einem „Ewiggestrigen".

Es ist nicht so einfach, hier die richtige Mischung zu leben. In der Bibel heißt es beispielsweise: „Darum sorget nicht für den anderen Morgen; denn der morgende Tag wird für das Seine sorgen. Es ist genug, dass ein jeglicher Tag seine Plage habe" (Matthäus 6,34). Andererseits ist es so, dass wir Vorstellungen brauchen vom Morgen, von der Zukunft. Der Sinn, den wir unserer Existenz geben, auf den hin wir leben wollen, gibt uns die Richtung vor. Ohne Ziel können wir uns nicht in eine Richtung aufstellen und irren ziellos umher.

Um auf das Ziel hin ausgerichtet zu sein, ist die vorwegnehmende Fantasie der Zukunft im Einzelnen, im Detail der Umsetzung, notwendig, damit entsprechendes Handeln möglich wird. Das wird Planung genannt. Sie schafft die Bahnungen und macht uns bereit für das erforderliche Handeln. Ein Beispiel: Eine Bewegung mit dem rechten Arm kann nur dann gemacht werden, wenn sie zuvor in der Vorstellung vollzogen wurde. Diese Zusammenhänge wurden für den körperlichen Bereich von Moshé Feldenkrais[1] ausführlich beschrieben. Eine andere Möglichkeit, sich das nachvollziehbar zu machen, bietet das Gerät eines Funkempfängers (Radio). Es kann nur die Frequenzen empfangen, die vorher in ihm angelegt worden sind. Die vorwegnehmende Fantasie war es somit, die dies möglich gemacht hat. Um sich als Hörer diese zuvor angelegten Frequenzen zugänglich zu machen, muss man sich öffnen für Neues und den Sendersuchlauf nutzen. Sonst kann etwas zwar vorhanden sein, aber es kann nicht wahrgenommen werden.

Diese Haltung wird in folgendem Witz aufgegriffen: Ein Mann stirbt und kommt in den Himmel. Dort beklagt er sich bitter bei Gott über dessen Ungerechtigkeit ihm gegenüber. Er habe nämlich immer gottesfürchtig gelebt und alle Gebote gehalten. Dafür sei er aber nicht mit Reichtum belohnt worden, was er sich so sehr gewünscht hatte. Den hätten andere bekommen, die die Gebote nicht gehalten und sündig gelebt hätten. Darauf antwortet ihm Gott: „Ich hatte ja Reichtum für dich vorgesehen und habe das Geld in Fülle für dich bereitgestellt. Aber wie hätte ich es dir zukommen lassen können, wenn du nichts dafür getan, also deine Hände nicht aufgehalten hast?!" In dem Witz heißt es: „Wenn du keinen Lottoschein kaufst."

Sind die Vorstellungen vom zukünftigen Geschehen negativer Natur, kann das ebenfalls ziemlich hinderlich sein. Man denke nur an die vielen Menschen, die sich vor der Zukunft fürchten, weil sie schreckliche Fantasien in Bezug auf diese haben. Im Arbeitsalltag spricht man da gern von den Bedenkenträgern und Schwarzmalern. Um

---

[1] Yochanan Rywerant: Die Feldenkrais Methode. Heidelberg, Kübler & Akselrad Verlag, 1985

diese – sicher zum Teil berechtigten – Sorgen und Ängste erträglich zu machen, werden Vorsorgeprogramme entwickelt, z.B. Sparprogramme für die Rente, Präventionsprogramme für die Gesundheit usw., mit dem Ziel, auch in ferner Zukunft gesundheitlich und finanziell abgesichert zu sein.

Es gibt aber auch die Volksweisheit: „Das, was er fürchtet, daran stirbt er." Es handelt sich um das Phänomen einer sich selbst erfüllende Prophezeiung (engl.: Self-fullfilling Prophecy). Man kann es eben in beide Richtungen übertreiben. Die Kunst ist, die richtige Mischung zu leben.

Für den Umgang mit der Vergangenheit gilt das in gleicher Weise. Unsere Vergangenheit ist ein unauslöschlicher Teil von uns. Wir können sie zwar verdrängen oder scheinbar vergessen, dennoch tragen wir sie dauernd mit uns herum, zum großen Teil unbewusst, aber auch einiges davon bewusst. Sie kann einerseits als eine solide Grundlage empfunden werden, die wichtig ist für unser gegenwärtiges Leben. Dann erfreut es uns, dass wir so reich an nützlichen Erfahrungen sind.

Andererseits kann Vergangenheit als eine schwere und sehr hinderliche Last empfunden werden. Ist das der Fall, wird beispielsweise geseufzt und gesagt, wie schön es doch wäre, wenn man diese Erfahrungen nicht gemacht hätte und am besten noch einmal von vorne anfangen könnte. Denn in der Wiederholung würden wir die Fehler vermeiden und dann weniger Belastendes mit durchs Leben schleppen müssen. So aber ziehen wir sie wie eine schwere Last ständig hinter uns her. Sie bremst unsere Lebensenergie und hält uns fest. Wird die Vergangenheit jedoch ausgeblendet, dann ist das vergleichbar mit einem Baum, der zwar mithilfe seiner Wurzeln gewachsen ist, diese aber dann verneint und sich davon distanziert. Er wird zum Spielball des Windes und fällt leicht um.

Umgekehrt aber kann ein Baum nicht wachsen, wenn alle Energie in die Ausbildung und Pflege der Wurzeln gesteckt wird. Dann bleibt für den weiteren Austrieb kaum noch Energie übrig und die Triebe verkümmern. Sie können sich nicht mehr weiterentwickeln. Das ist wie bei jemandem, der eine Ausbildung nach der anderen absolviert, ohne das immer größer werdende Wissen ins Leben einzubringen, in Taten umzusetzen.

Wird eine im Bewusstsein aktivierte Vergangenheit jedoch positiv gesehen bzw. bewertet, ist sie in der Regel sehr hilfreich. Es sind dann Erfahrungen, die Mut machen und auf die man seine Zukunftsplanung gern aufbaut. Sie bilden einen Rückhalt, der wie ein solides Fundament stützt, der wie stabile Wurzeln wirkt und einen guten Aufbau ermöglicht.

Natürlich haben wir auch Erfahrungen gemacht, die wir negativ bewerten. Diese ziehen gern unsere Aufmerksamkeit auf sich und binden viele Kräfte, die dringend benötigt werden für das Wachstum und die Bewältigung dessen, was uns noch erwartet. Sie belasten wie Mühlsteine, die man mühsam hinter sich herschleppt, was an die bereits erwähnten Bedenkenträger erinnert. Wer möchte nicht Wege finden, diese Mühlsteine zu verkleinern oder gar loszuwerden?

Dieses Buch will dazu beitragen. In ihm werden Möglichkeiten aufgezeigt, wie es gelingen kann, sich mit negativ gesehenen, belastenden Gegebenheiten seiner Vergangenheit zu versöhnen und sie als Quelle der Kraft und Sicherheit für die Zukunft zu nutzen. Beispielhaft dafür ist die Aussage eines meiner Patienten, der sagte, dass er keine finanziellen Zukunftsängste hätte, obwohl er nicht vermögend sei. Denn in seinem bisherigen Leben hätte er so vieles erlernt, dass er sicher sei, immer ausreichend Arbeit zu finden, um mit dem dadurch erzielten Lohn seinen Lebensunterhalt bestreiten zu können.

Für ein freies und glückliches Leben spielt die Sinngebung eine entscheidende Rolle, wie vor allem Victor Frankl gezeigt hat (Logotherapie)[2]. Sie kann nur aufbauend auf eine Rückbeziehung (Religion) gelingen. Wer sich beispielsweise auch in seiner Vergangenheit stets von seinem Gott geliebt gefühlt hat, der tut sich leicht. Denn er kann sich darauf verlassen, dass dieser auch in Zukunft für ihn verlässlich sorgen wird.

---

[2] Victor Frankl: Ärztliche Seelsorge. 3. Auflage, dtv, 2007

Die Beseitigung von Altlasten

Altlasten sind, wie das Wort sagt, eine Belastung aus der Vergangenheit für das Jetzt und Hier. Es gibt solche, die uns bewusst sind, und solche, die im Unbewussten schlummern, aber von Zeit zu Zeit eine schädigende Wirkung entfalten. Wer möchte schon auf einem mit Altlasten behafteten Grund sitzen, insbesondere dann, wenn die Art der Belastung bekannt ist? Doch wie kann man lernen, damit umzugehen? Ist es sinnvoll, Altlasten anzugehen und zu beseitigen, sobald man von ihnen erfahren hat oder sie einem bewusst geworden sind?

Meist sind sie jedenfalls nicht so richtig bewusst. Sie machen sich oft erst durch kleine zunehmende Auswirkungen auf das eigene Leben bemerkbar. Sie sind dann nicht gleich zu erkennen und in den richtigen Zusammenhang zu bringen. Meint man schließlich, den erforderlichen Durchblick gewonnen zu haben, gilt es, die gefundenen Altlasten – in der Regel mithilfe eines Dritten – zu analysieren und gegebenenfalls zu sortieren. Manche sind oberflächlicher Natur, andere sind tief eingegraben im Keller unseres Verdrängten und machen einen größeren Einsatz erforderlich, eventuell mithilfe eines Fachmanns, wie die Erkenntnisse z.B. der Psychoanalyse zeigen.

Bevor man jedoch an die Beseitigung geht, scheint es sinnvoll, erst zu klären, wie viel Energie, wie viele Ressourcen in dem Betroffenen aktiv vorhanden sind und ob diese genügen, um die Altlasten ausreichend zu beseitigen, oder ob damit nur ein Anfang gemacht werden kann. Bleibt man nämlich auf halber Strecke stecken, weil die Energie verbraucht ist, dann entfalten viele Altlasten oft erst so richtig die in ihnen steckenden

Gifte. Und dann sind keine Mittel mehr da, um sie weiter zu beseitigen.

Deshalb halte ich es für sinnvoll, zu klären, ob genügend Ressourcen vorhanden bzw. aktiviert sind, bevor man mit der Beseitigung beginnt. Meist ist das nicht der Fall und der Betroffene fühlt sich schwach. Deshalb beginnen wir in der Psychopädie zunächst damit, den Betroffenen darin zu unterstützen, ausreichend eigene Stärke zu entwickeln. Manchmal stellt sich dabei schon heraus, dass es besser ist, gar nicht erst an die Beseitigung heranzugehen, sondern für eine „Quarantäne" zu sorgen. Das bedeutet, die giftigen Altlasten dann mit entsprechenden Mitteln so zuzudecken, so zu versiegeln, dass sie ihre giftige Wirkung nicht entfalten können. In der Psychotherapie nennt man das Coping-Strategien oder zudeckende Verfahren. Ein schönes Beispiel hierfür findet sich in einem Aufsatz von Udo Derbolowsky in dem Buch „Psychosomatische Störungen"[3].

Für das Vorgehen in der Praxis bedeutet das:
Wird eine Altlast durch ihre Auswirkungen oder sonst irgendwie entdeckt, gilt es, ihr Ausmaß und ebenso den Umfang einer eventuellen korrekten Beseitigung so genau wie möglich zu erfassen. Weiter ist es notwendig, den Umfang der eigenen Mittel und Möglichkeiten festzustellen und zu klären, ob sie in ausreichender Menge vorhanden sind. Zeigt sich, dass eine sofortige Beseitigung nicht sinnvoll ist oder dass aktuell zu wenige Mittel vorhanden sind, um die Altlasten ausreichend zu beseitigen, dann ist es notwendig, nach anderen Lösungen zu suchen. So sind zunächst behelfsmäßige Maßnahmen zu treffen, die es dem Betroffenen

---

[3] Jakob Derbolowsky, Ilse Middendorf (Hrsg.):
Psychosomatische Störungen – Verstehen und Behandeln.
Germering, Psychopädica, 1999, S. 15 ff.

ermöglichen, aus der akuten Problemlage herauszukommen. Dafür können verschiedene Maßnahmen eingesetzt werden, die für einige Zeit Beschwerdefreiheit ermöglichen. Dann wird damit begonnen, Mittel anzusparen bzw. die eigenen Energiespeicher zu füllen. Erst wenn der Betroffene gestärkt genug ist, sollte mit der dauerhaften Entsorgung der Altlasten bzw. dem Aufarbeiten der Vergangenheit begonnen werden. Erfreulicherweise zeigt sich öfters, dass durch die Stärkung des „Ich", durch ein erstarktes Selbstbewusstsein und die Entwicklung eines gesunden Egoismus die Altlasten ihr Gift immer mehr verlieren und zunehmend unwirksamer werden.

Wenn ein Ratsuchender zu mir kommt, weil es ihm schlecht geht, weil er sich kraftlos fühlt, weil er z.B. meint, Burn-out-Symptome zu haben, dann stehen ihm aktuell nur wenige Kraft- und Energiequellen aus sich selbst heraus zur Verfügung. Deshalb möchte er am liebsten, dass ich als Beratender seine Probleme beseitige. Das geht aber nicht. Nur er selbst hat die Mittel, um sie zu bearbeiten und zu lösen. Ich kann ihm dabei nur unterstützend zur Seite stehen.
Manche wollen als Erstes wissen, wie es zu ihrer Misere kommen konnte. Sie glauben, dass der Weg zur ihrer Genesung mit der Ursachenforschung beginnt. Doch die Betrachtung der Vorgeschichte, die zwar zu dem jetzigen beklagten Zustand geführt hat, würde diesem dummerweise noch mehr Gewicht geben und die Misere verstärken, den Betroffenen noch mehr schwächen. Das gilt auch für ausschweifende Schilderungen von Beschwerden.
Doch ist es nützlich, so vorzugehen?

In der Psychopädie beginnen wir wie gesagt stets damit, dem Betroffenen zu helfen, wieder Selbstvertrauen und

Selbstsicherheit zu entwickeln und Selbstzweifel und Selbstzerfleischung abzubauen. Aus solcher wiedergewonnenen Stärke heraus erfolgen dann die Änderungsschritte und die Fragen danach, wieso es dazu kam, wofür es vielleicht sogar nützlich war und wie es in Zukunft anders gemacht werden kann – wenn dies dem Betroffenen dann überhaupt noch notwendig erscheint.

Wenn also ein Mensch in meine Sprechstunde kommt und mir sagt und zeigt, dass er Probleme hat und dass er zudem kraftlos und „fertig" sei, dass er somit im Augenblick keine Reserven habe, befassen wir uns nicht mit Altlasten. Das Erfassen und „Wühlen" in der Vergangenheit zu diesem Zeitpunkt würde zu einer Verschlimmerung seiner Situation führen. Ich spreche deshalb mit ihm nicht über seine Vergangenheit, sondern nur über seine aktuelle Gegenwart. Dabei habe ich vor allem im Fokus, wie er mit sich selbst in der aktuellen Situation umgeht: Ob er sich aktuell selbst ablehnt und verurteilt? Ob er sich mit Grübeln zermartert? Ob er sich mit Betäubungsmitteln wie Alkohol selbst schwächt? Und ich frage ihn, ob er dies beibehalten wolle oder lieber ändern möchte.

Bejaht er dies – und das ist in der Regel der Fall –, dann befassen wir uns gemeinsam damit, wie er sich stärken kann und was er selbst dafür leisten muss, um ausreichend Energie in sich zu aktivieren. Wir sprechen darüber, wie er mit sich selbst und mit seinen Schwächen so umgehen kann, dass es freundschaftlich aufbauend ist.

Wenn es ihm gelungen ist, wieder gute Energiereserven aufzubauen, und Lebenskraft und -lust zurückgewonnen wurden, dann kann er entscheiden, ob er eine

Altlastbeseitigung vornehmen will oder ob der „Deckel", der darauf liegt, eher noch verstärkt werden soll. Oft ist man erstaunt, was die Selbstheilung durch den Prozess der Selbststärkung schon ganz nebenbei erledigt. Bei einem solchen Vorgehen ist dann das Bearbeiten der negativen Punkte der Vergangenheit gut möglich, ohne dass eine Überforderungssituation und -reaktion zu befürchten ist.

Das ist vergleichbar mit einer sinnvollen Altlast-beseitigung im Erdboden, wie im Folgenden gezeigt wird: Ein Mensch hat sich ein Grundstück mit Haus gekauft. Er hatte die notwendigen finanziellen Mittel dazu und diese reichten auch, um notwendige Renovierungen im Haus durchführen zu lassen. Alles klappte prima und die bisher bewohnte Mietwohnung wurde zu einem festen Termin unwiderruflich gekündigt. Unmittelbar vor dem Einzug stellt sich jedoch zufällig heraus, dass das Erdreich unter dem Haus und drum herum mit Umweltgiften verseucht ist. Und zwar in einem solchen Umfang, dass an einen baldigen Einzug nicht zu denken ist, will man die Gesundheit der Bewohner nicht ernsthaft gefährden. Ein Zurück in die alte Wohnung ist jedoch nicht mehr möglich und die finanziellen Mittel sind weitgehend erschöpft. Was tun in so einer schlimmen Situation?

Eine Möglichkeit wäre, die restlichen Mittel zusammen-zukratzen und sofort damit zu beginnen, das verseuchte Erdreich zu entfernen. Da dies eine teure Angelegenheit ist, ist anzunehmen, dass das noch vorhandene Geld auf halber Strecke verbraucht ist. Dann hätte man immer noch die Altlast und zudem eine Baustelle und stünde außerdem ohne eine Wohnung da. Wäre es nicht besser, die restlichen Finanzmittel dafür zu nutzen, den verseuchten Boden erst einmal zu versiegeln, z.B. mit Beton, und für diese kurze Zeit in ein Hotel zu ziehen?

Dann könnte man ungefährdet in das Haus einziehen. Die dauerhafte Entseuchung des Untergrundes könnte warten, bis ausreichende Mittel dafür vorhanden sind. Manchmal wird sich später vielleicht sogar zeigen, dass sich ein Teil der Gifte inzwischen von selbst verflüchtigt hat.

Beim Menschen sind es die Selbstheilungskräfte, die im Hintergrund dafür sorgen, dass sich manches von selbst regelt.

Nachtragen

Ich kenne viele Menschen, die darunter leiden, dass sie sich zu sehr belastet fühlen. Wenn ich dann frage, was sie so niederdrückt, zeigt sich oft, dass es ungeklärte Beziehungsangelegenheiten sind, die sie mit sich herumschleppen. Zum Beispiel: „Das, was der Soundso mir damals angetan hat, kann ich nicht vergessen, das ist noch immer offen. Ich trage es ihm nach und immer noch mit mir herum." Ich stelle mir das so vor wie etwas, das man von der Arbeit mit nach Hause nimmt und mit dem man sich nach Feierabend noch lange abquält. Es spukt im Kopf herum, auch wenn man dies gar nicht will, und nimmt dort viel Raum ein, den man viel lieber und erholsamer für das Jetzt und Hier der Freizeit gebrauchen könnte. Es ist ein Gefühl, das einen nötigt, sich damit zu beschäftigen und es irgendwie zu erledigen, damit man nicht als Versager dasteht. Statt es auf den nächsten Tag zu verlegen, zerbricht man sich am Abend und in der Nacht den Kopf mit Lösungsüberlegungen.

Beim Aufgeben von Nachtragen geht es darum, etwas loszuwerden, das ein anderer bei einem zurückgelassen hat. Doch es soll auch nicht verloren gehen. Denn es gehört weiterhin zu dem anderen und dieser soll daraus lernen oder etwas machen. In diesem Sinne erscheint es wertvoll und wird nicht einfach so weggeworfen, was eigentlich das Leichteste wäre. Es wird so lange bei sich aufbewahrt und mitgeschleppt, bis sich irgendwann die Gelegenheit ergibt, es dem eigentlichen Besitzer zurückzugeben. Das ist etwa so, wie manche Eltern Dinge von ihren Kindern bei sich aufbewahren, von denen sie denken, dass die Kinder sie vielleicht später einmal brauchen könnten – was allerdings nur selten der Fall ist.

Man könnte nun meinen, dass dies edle Gedanken sind und es um ein liebevolles Handeln geht. Sicherlich ist es zumindest so gemeint.

Bisher sind wir davon ausgegangen, dass der andere das, was er dagelassen hat, vermissen wird, wenn er es nicht zurückbekommt. Das ist aber nur selten der Fall. Oft weiß der Betreffende, dem etwas nachgetragen wird, überhaupt nicht, dass er etwas zurückgelassen hatte bei dem anderen. Oder vielleicht wollte er es einfach loswerden, wie das folgende Beispiel zeigt.

Ich sitze auf einer Bank in einem Park und döse in der Nachmittagssonne so vor mich hin. Ich bemerke gerade noch, dass sich ein Mann mit einer großen Plastiktasche auf das andere Ende der Bank setzt. Als ich etwas später wieder die Augen öffne, ist der Mann wieder weg. Doch ich sehe, dass die Plastiktasche, die er bei sich hatte, als er gekommen war, immer noch neben der Bank liegt. Schnell schaue ich, ob ich ihn noch irgendwo sehe. Etwas entfernt entdecke ich ihn schließlich, wie er ganz unbeschwert seines Weges geht. Ich rufe ihm nach, aber er scheint mich nicht zu hören.

So schnappe ich mir die Tasche und laufe ihm nach. Als ich ihn keuchend erreiche, will ich ihm freudig die Tasche geben. Ich bin überzeugt, dass er mir dankbar sein wird. Doch statt dass er sich bei mir für meine Mühe bedankt, schaut er mich nur entgeistert und grimmig an. Wortlos greift er sich die Tasche, dreht sich um und geht weiter seines Weges. Sein Verhalten verstehe ich erst, nachdem ich mir klargemacht habe, dass es nur so sein kann, dass er die Tasche absichtlich stehen gelassen hatte, weil er sie einfach nur loswerden wollte.

Es gibt auch Missverständnisse, die zu Altlasten führen: Ich bemerke, dass eine mir lieb gewordene Patientin eines Tages nicht mehr in meine Praxis kommt, und erfahre, dass sie sich inzwischen einen anderen Arzt gesucht hat. Es störte mich, dass ich nicht wusste, weshalb sie diesen Schritt gemacht hatte. So überlegte ich, ob ich ihr gegenüber irgendetwas falsch gemacht haben könnte, was sie zu diesem Schritt veranlasst hat. Doch ich fand einfach nichts und wollte mich damit zufriedengeben. Doch zufällig begegnete meine Sprechstundenhilfe der Frau eines Tages in der S-Bahn und sie fragte sie, warum sie denn nicht mehr zu uns in die Praxis käme. Die Frau erklärte ihr ganz freundlich, dass es daran läge, dass sie sich mit ihrem Anliegen bei ihrem letzten Besuch bei mir zu wenig ernst genommen gefühlt hätte und dass eine große Angst von ihr einfach übergangen worden sei. Das hätte sie schwer enttäuscht und zu diesem Schritt veranlasst.

Als meine Helferin mir das erzählte, fiel ich aus allen Wolken. Ich hatte keine Ahnung, worum es sich dabei gehandelt haben könnte. Ich wollte es aber wissen und rief die ehemalige Patientin an. Im Gespräch stellte sich heraus, dass ein Anliegen, das sie beiläufig beim Verlassen des Sprechzimmers angesprochen hatte, von mir eher oberflächlich aufgenommen und nicht wirklich beantwortet worden war. Ihre große, hinter ihrer Frage liegende Angst hatte ich übersehen. Das ist eine Situation, wie sie nicht nur im beruflichen Alltag leider immer wieder vorkommt: Wir tun anderen Menschen etwas an, ohne zu wissen, was wir tun, und ohne die Folgen bei dem anderen zu bemerken. Das daraus sich ergebende Verhalten der Person bleibt uns unverständlich, wenn wir nicht auf anderem Wege davon erfahren. Da es unausgesprochen ist, bleibt es weiter im Raum bestehen. Es wird nachgetragen. Es belastet allerdings den Träger weit mehr als den, zu dem es eigentlich gehört. So wie die Patientin, die jahrelang sehr zufrieden war und dann wegen dieser einen Sache sich die Mühe gemacht hat, einen anderen Arzt zu suchen.

Eine andere Form des Nachtragens ist Erinnern. Dieses ist gut und schön, wenn es um Handlungen geht, die uns Freude gemacht, um Ereignisse, die uns gefallen haben. Anders ist es, wenn die Inhalte negativer Natur waren, also wenn es sich um Kränkungen oder Enttäuschungen handelt. Dann vermiest uns das unser Leben bzw. es belädt uns mit Belastendem, das uns herunterzieht. Solche Lasten loszuwerden, macht Sinn. Ein Weg, sich von solchen Lasten zu befreien ist, sich jeden Tag zu überlegen, wem ich etwas vergeben will, also wo ich etwas loslassen kann, um mich von diesen Lasten zu befreien. Und dafür brauche ich den anderen nicht einmal.

Der Vollständigkeit halber sei erwähnt, dass es auch ein gesundes Nachtragen gibt. Dann nämlich, wenn man dafür bezahlt wird. Wenn z.B. ein Herr Lagerfeld einen Wochenendausflug irgendwohin macht, dann, so sagte er in einem Interview, reist er mit etwa 20 Koffern. Das sei doch ziemlich viel und mühsam, bemerkte der Interviewer darauf. Lagerfeld erwiderte jedoch nur trocken: „Wieso, ich muss sie ja nicht selbst tragen" (ich bezahle dafür die Nachträger).

Bei Psychotherapeuten ist es sogar berufsbedingt, dass sie nachtragend sind. Sie werden u.a. nämlich dafür bezahlt, dass sie sich so viel wie möglich merken von dem, was der Patient bei ihnen zurücklässt, um es dann bei passender Gelegenheit zurückzugeben. Nachtragen macht tatsächlich nur Sinn, wenn es erbeten ist bzw. wenn man dafür etwas bekommt bzw. dafür bezahlt wird.

Sonst ist es ein sich selbst belastendes, ja oft sogar autodestruktives, selbstschädigendes Vorgehen. Es gibt sich zu erkennen in Sätzen wie „Das nehme ich dir noch immer übel", „Ich habe nicht vergessen, was du mir damals angetan hast" usw.

Es lohnt sich, immer mal wieder innezuhalten und sich zu fragen und damit ins Bewusstsein zu rufen, wem man was alles noch nachträgt. Aus dieser Erkenntnis heraus kann es auch nach langer Zeit zur Klärung kommen, sei es durch Zurückgeben oder, wenn das nicht möglich ist, durch eigene innere Klärung mit dem Ergebnis, es loszulassen. Dabei ist es unerlässlich, zu vergeben und die eigene Leistung als Lehrgeld auszubuchen.

„Wer seine Hand an den Pflug legt und sieht zurück, der ist nicht geschickt für das Reich Gottes." Lukas 9,62

Der Blick zurück: Die Geschichte von Lots Weib

Der Rückblick und der Rückgriff auf die (eigene) Vergangenheit ist eigentlich eine ganz natürliche Sache. In ihr liegt schließlich unser Erfahrungsschatz. Das kann einen aber auch bremsen, denn nur wer loslässt, hat die Hand frei für Neues. Eine Geschichte aus dem Alten Testament weist uns hier auf einen interessanten Aspekt hin. Es handelt sich um den Auszug der Menschen aus Sodom und Gomorra, denn Gott will die beiden Städte der Sünde und des Verderbens mit all ihren Einwohnern auslöschen. Nur einige wenige Auserwählte bekommen die Möglichkeit, noch rechtzeitig die Stadt zu verlassen, weil Gott sie vor dem kommenden Feuer warnt. Allerdings dürfen sie bei der Flucht nur nach vorne sehen und nicht zurückschauen, wenn sie entkommen wollen. Es wird ihnen gesagt, dass sie sonst sterben müssten. Lots Weib jedoch hält sich als Einzige nicht daran. Sie dreht sich um und schaut zurück auf das brennende Sodom. Sie erstarrt zur Salzsäule.

Ich verstehe das als Hinweis, dass wir nur dann am Leben bleiben, wenn wir zu neuen Ufern aufbrechen und gegebenenfalls einen Bruch mit dem vergangenen Leben vornehmen. Diese Geschichte warnt vor den Folgen, die es mit sich bringt, wenn wir uns zu intensiv mit der erlebten Misere und den Sünden der Vergangenheit befassen, wie es nicht selten in therapeutischen Ansätzen der Fall ist. Die oben wiedergegebene Erzählung aus dem Alten Testament ermutigt uns, den Blick nach vorne zu richten auf das, was uns da Neues erwartet, und es bejahend anzunehmen. Dazu passend weist Jesus im Neuen Testament darauf hin, dass wer ihm nachfolgen will, alles, wirklich alles zurücklassen muss. Sonst ist er weiterhin damit beschwert und nicht frei für das neue Leben. Ein Bedauern oder Hinterherjammern nach den Verlusten ist nicht vorgesehen.

Dieser Sichtweise steht das vierte Gebot entgegen: „Du sollst Vater und Mutter ehren." Ein Gebot, das dazu anhält, die eigene Vergangenheit zu ehren. Das klingt auf den ersten Blick total im Widerspruch zu dem bisher Gesagten. Dennoch muss es unter einen Hut passen. Es ist irgendwie ähnlich wie mit dem „Vergeben ja – vergessen nein". Es bedarf der Klärung, wie es richtig befolgt werden kann.

Beginnen wir mit der Neugier. Sie ist eine Form von Liebe, nämlich der Liebe zu Neuem, Unbekanntem, Unerforschtem. Es ist diese Entdeckerlust, die uns am Leben hält. Hätte ein Neugeborenes nicht Neugier, könnte es nicht überleben. Daraus entstehen dann die Erfahrungen, die guten wie die schlechten. Die guten ermutigen uns. Sie geben uns unsere Energie und Lebenslust. Sie sind unsere Ressourcen, die wir im Laufe des Lebens ansammeln. Sie können aktiviert werden, sobald man etwas verändern will. In der psychopädischen Betreuung bilden sie ein wichtiges Element.

Der Psychopäde unterstützt den Betroffenen dabei, sich auf seine Stärken zu besinnen, die er in der Vergangenheit durch Lernen und Erfahren erworben hat. Er hilft ihm, sich an frühere erfolgreiche Bewältigungen von Aufgaben zu erinnern. Wenn z.B. einem Betroffenen eine Prüfung bevorsteht, die ihm große Angst macht, dann ist es hilfreich, wenn er sich an vorausgegangene

Prüfungen erinnert, die er gut bestanden hatte. Dies stärkt sein Vertrauen in sich und seine Fähigkeiten und lässt ihn zuversichtlich an die fordernde Aufgabe herangehen.

Das bezieht sich allerdings auf die „guten" Erfahrungen. Das Aktivieren von Erinnerungen an Versagen oder insgesamt als unbefriedigend Erlebtes bewirkt eher das Gegenteil. Es verbraucht noch vorhandene Reserven und führt zu einer pessimistischen Bewertung der Zukunft. Zudem verringern diese Erinnerungen den Mut, den es braucht, um sich auf Neues einzulassen, denn, so ist die Befürchtung, es könnte ja nur noch schlimmer kommen. Schlechte Erfahrungen haben die Tendenz uns zu lähmen. Aber sie können uns auch bewahren vor Wiederholungen, wenn wir „aus den Fehlern lernen", wie es so schön heißt. Falsch verstanden, kann dies dazu führen, dass jemand sagt: „Ich mache sowieso alles falsch, ich mache am besten gar nichts mehr!"
Doch erst durch neues Verhalten kann das alte „überschrieben" werden und seine Kraft verlieren.

Wer Neues will, muss dafür Raum schaffen. Stellen Sie sich vor, man würde Ihnen die Hälfte aller Ihrer Kleider wegnehmen, die Sie besitzen. Dann wären Ihre Schränke halbleer, wodurch viel Raum für neue Kleider geschaffen wäre. Für ein Neugeborenes ist das einfach: Bei ihm sind die „Schränke" noch leer, denn alles ist noch neu. Glücklicherweise ist ein Neugeborenes ausgestattet mit Neugier und der Bereitschaft, sich zu öffnen für das Geschehen. Dadurch lernt es und sammelt Erfahrungen, die ihm helfen zu überleben und schließlich erwachsen zu werden. In diesem Prozess werden immer wieder frühere Erfahrungen durch bessere neue ersetzt (überschrieben). Mein Freund Hartmut Eklöh hat es kurz so formuliert: „Das Bessere ist des Guten Feind."

Ein Problem unserer Zeit ist die Vermüllung bzw. das Ersticken in den in der Vergangenheit angesammelten Besitztümern. An dem notwendigen Abfluss fehlt es oft. Man trennt sich ungern von dem, was man hinzugewonnen hat und was sich zudem in der Vergangenheit bewährt hat. Lieber noch etwas hinzunehmen, den Schrank vergrößern oder noch einen dazukaufen usw. Wenn man jedoch, wie in dem biblischen Beispiel oben, Jesus folgen will, so muss man sich lösen von allem, was einem bisher lieb und teuer war. Dann entsteht der Raum für Neues. Bei Jesus sind es die geistigen Schätze.

Da wir Menschen primär alle irgendwie vom Stamme „Nimm" und nicht vom Stamme „Gib" sind, fällt es uns naturgemäß sehr schwer, einmal „Genommenes" wiederherzugeben, es loszulassen.

Nimmt man Bezug auf das, was uns alle am Ende des Erdenlebens erwartet, so wissen wir, dass das „letzte Hemd keine Taschen hat", das heißt, dass wir sicher sein können, dass letztendlich alles Angesammelte wieder hergegeben werden muss. Beim Übertritt in eine andere, neue Welt am Todestag kann zumindest nichts Materielles mitgenommen werden. In diesem Sinne verstehe ich den biblischen Rat, dass wir unser Herz nicht an Materielles hängen sollen, weil uns alles wieder genommen wird. Dann haben wir weniger Probleme mit dem Loslassen und können leichter sterben, wenn es einmal so weit ist. In einer vielleicht anderen Seinsweise nach dem Tod gilt es vermutlich, wieder neu anzufangen und dabei wären dann irdische Besitztümer als Altlasten hinderlich.
Hier auf Erden würde mancher gern manches noch einmal neu anfangen. Ich denke an manche

Beziehungskonflikte. Wie oft hört man, dass jemand gern die Uhr zurückdrehen und noch einmal quasi bei null beginnen möchte, wenn etwas schiefgelaufen ist. Aber das gelingt leider nicht.

Erfreulicherweise gibt es das Vergessen. Es ist als eine Gnade anzusehen, manchmal. Da wir Menschen nie wirklich objektiv sein können, auch nicht in Bezug auf die Vergangenheit, betrachten wir sie mit unterschiedlichen Brillen, je nachdem. Manches verklären wir und manches vergessen wir. Beim Golfspiel kommt es immer wieder vor, dass man beim Zusammenzählen der Schläge einen schlechten schlicht vergisst und erst durch die Mitspieler darauf aufmerksam gemacht werden muss. Es ist also möglich, seine Vergangenheit selektiv zu betrachten, dabei nur die Aspekte mitzunehmen, die stärkend sind, und den Rest einfach in Vergessenheit geraten zu lassen. Das gelingt umso besser, je mehr Neues Raum einnimmt.
Mit Vergessen ist jedoch nicht das Verdrängen gemeint, das durch Hemmungsvorgänge in der Kindheit begründet ist. Denn auf diese Weise Verdrängtes (Triebe) bleibt weiterhin energiegeladen im eigenen Keller des Unterbewussten gespeichert. Es hat die starke Tendenz, sich bei Gelegenheit immer wieder in der Wohnung des Lebens unangenehm bemerkbar zu machen.

Eine andere Frage ist, welche Bedeutung die Vergangenheit eigentlich haben kann, wenn man davon ausgeht, was aus christlicher Sicht richtig ist, nämlich dass Gott einen ohne Bedingungen liebt. Dass er sich eines jeden liebevoll annimmt, egal wie seine Vergangenheit ist. Ja sogar dass ihm ein Sünder, der Buße tut, lieber ist als tausend Gerechte. Und dass man immer die Chance hat, von seinen Verirrungen loszulassen und ihm nachzufolgen und dabei – wie im

Beispiel des verlorenen Sohnes – mit Freuden von ihm wieder aufgenommen wird. Das ist für die stets gerecht Gebliebenen ein oft nur schwer zu schluckendes Ärgernis.

Mir scheint, dass es wie immer einen Weg gibt, der sowohl der Bedeutung des Jetzt und Hier und der Zukunft als auch der Vergangenheit gerecht wird. Das folgende Bild soll dies verdeutlichen.
Stellen Sie sich bitte ein Personenauto vor: Es ist mit einer großen Frontscheibe ausgestattet. Das erscheint sinnvoll, denn wenn man vorwärtsfahren will, ist es wichtig, eine gute Sicht zu haben auf das, wohin man fahren will und was dabei auf einen zukommt. Zugleich sind Autos aber mit einem Rückspiegel ausgestattet, der im Bereich der Frontscheibe so angebracht ist, dass beim Blick nach vorne gleichzeitig auch der rückwärtige Bereich mit im Sehfeld ist. Der Rückspiegel ist zwar im Vergleich zur Frontscheibe sehr klein, dennoch schränkt er die Frontsicht in dem Maße ein, wie seine Größe ist. Man hat also beim Fahren sehr viel Sicht auf das, was vor einem liegt, und kann gleichzeitig noch einiges von dem wahrnehmen, was bereits hinter einem liegt. Das erscheint zumindest den Autobauern und -käufern sinnvoll.

In vielen Ländern ist es meines Wissens so geregelt, dass sich der hinter einem anderen herfahrende Fahrer auf die Fahrweise des Vordermanns einzustellen hat, und nicht der Vordermann auf den Hintermann. Im Falle einer Kollision ist deshalb grundsätzlich erst einmal der Hintermann schuldig. Im wahren Sinne des Wortes kommt hier Vorsicht klar vor Rücksicht!

Wie würde es Ihnen vorkommen, wenn es umgekehrt wäre, also wenn der Rückspiegel die Größe und

Anordnung der Frontscheibe hätte und darin wäre eine Frontscheibe in der Größe des ehemaligen Rückspiegels untergebracht? Nun soll aber nicht rückwärtsgefahren werden – das wäre nicht zweckdienlich, nicht wahr? –, sondern vorwärts. Man kann es einmal für sich ausprobieren, indem man sich bei einem Spaziergang umdreht und ein paar Schritte lang rückwärtsgeht, vielleicht mithilfe eines kleinen Taschenspiegels, der einem zeigt, was hinter dem Rücken, also vor einem ist.

Zu mir kommen immer wieder Menschen, die ihr Leben rückwärtsgewandt leben. Die Vergangenheit ist für sie groß und bedeutend und ihre Zukunft sehen sie klein. Auch deren Leben geht weiter voran. Sie klagen beispielsweise darüber, dass sie in ihrem Leben viele Unfälle erleiden oder dass Ereignisse stattfinden, die sie weder haben kommen sehen, noch dass sie sich diese erklären können.

Was hierbei geschieht, kann man sich am Beispiel des Fahrens mit dem Zug verdeutlichen. Wenn man einen Sitzplatz wählt, kann man sich aussuchen, ob man mit der oder gegen die Fahrtrichtung sitzen will, also entweder mit dem Blick auf das, was auf einen zukommt, oder auf das, was bereits hinter einem liegt. Mir geht es immer etwas seltsam, wenn ich im Zug entgegen der Fahrtrichtung sitze. Wenn ich dann aus dem Fenster herausschaue, sehe ich nur die Vergangenheit, die zugegebenermaßen sehr schön, aber auch hässlich sein kann. Sie ist aber eben vergangen und kommt nicht mehr zurück. Mir ist es unangenehm, wenn ich nicht sehen kann, was auf mich zukommt. Das ist in diesem Fall für mich erst erkennbar, wenn es bereits Vergangenheit geworden ist, und zudem überraschend, weil ich es nicht vorhersehen konnte.

Für die ärztliche Praxis gebe ich den Kollegen manchmal den Tipp – besonders wenn sie einen Patienten schon länger kennen und eine lange Karteikarte von ihm haben –, sich einmal vorzustellen, dass sie diesem Menschen zum ersten Mal begegnen und nichts von ihm wissen und er umgekehrt nichts von ihnen weiß. Dann würden sie sich beide ohne Vorgeschichte begegnen. Daraus ergeben sich häufig ganz neue Perspektiven, Erkenntnisse und Möglichkeiten, denn das Jetzt und Hier ist anders als das Gestern. Eine Erkenntnis der Psychologie aus der Beratungspraxis für einen erfreulichen Umgang in Paarbeziehungen ist, dass Beziehungen umso besser laufen, je öfter beide Seiten davon ausgehen, dass sie nichts von dem anderen wissen und er auch nichts von ihnen. Dann kann es keine Erwartungen und keine Vorwürfe geben. Jeder der beiden muss dem jeweils anderen sagen, wie er ist und was er sich von seinem Gegenüber wünscht. Probieren Sie das einmal bei sich aus. Sie werden staunen, wie befreiend und beziehungsförderlich sich das auswirkt.

Fazit: Ein Rückspiegel ist nützlich und gut, wenn er die Sicht nach vorne nicht wesentlich einschränkt. Das ist ein wichtiger Grund, warum wir die eigene Vergangenheit insoweit bewältigen sollten, wie sie unsere Weiterentwicklung einschränkt. Zugleich sollten wir sie als einen erfahrenen Helfer betrachten, der uns hilft, ressourcenorientiert unseren weiteren Lebensweg zu gehen.

Wir müssen lernen, die richtige Mischung zwischen Festhalten und Loslassen zu finden. Mal ist Loslassen angeratener, wie im Falle von Sodom und Gomorra, mal ist Festhalten angesagt, wie im vierten Gebot gefordert.

Erkenntnis und Handeln

Vom Beginn seines Lebens bis zu seinem Tode strebt der Mensch nach Erkenntnis. Er will Zusammenhänge verstehen und den Sinn des Geschehens erkennen. Hat er dabei Erfolg, geht das einher mit Glücksgefühlen. Er fühlt sich sozusagen „erleuchtet". Dieses Glücksgefühl kann dazu verführen, sich bequem zurückzulehnen und zu glauben, dass damit alles erledigt ist. Das wäre ein tragischer Irrtum. Denn Erkenntnis bekommt erst Kraft und Wirkung, wenn sie in Handeln umgesetzt wird. Das hat jemand treffend so formuliert: „Erkenntnis ist wie das Lesen einer Speisekarte, doch erst das Essen macht satt."

Liest einer immer nur Speisekarten und isst dann nicht, wird er verhungern. Er füttert sich an mit Wissen, ohne daraus Schlussfolgerungen zu ziehen und diese in Handeln umzusetzen, also beispielsweise etwas auszuwählen und zu bestellen.

Das gilt in gleichem Maße für geistige Nahrung und Wissen. So gibt es Menschen, die einen Ausbildungskurs nach dem anderen besuchen, aber den notwendigen Schritt in die Anwendung nicht wagen („ewige Studenten").

Natürlich ist die Kenntnis des sogenannten „Ist-Zustandes" unabdingbare Voraussetzung für Veränderungen. Danach erst kommt das Erkennen und Verstehen von Zusammenhängen und Prozessabläufen hinzu. Für die Ausrichtung der gewünschten Veränderungen muss der „Soll-Zustand", also das Ziel der Veränderung, festgelegt werden. In der Arbeit mit dem Psychodrama von Jakob Levi Moreno[4] habe ich gelernt, dass immer erst zu klären ist, wie die aktuelle Lage ist, bevor mit dem Handeln begonnen wird. Das in den Aufstellungen vollzogene Handeln muss aber in der Folge noch in den normalen Alltag übernommen werden, sonst verflüchtigen sich die Erkenntnisse aus der Aufstellung und dem sogenannten Probehandeln wieder. Es kommt bei solchen Aufstellungen immer wieder vor, dass die Teilnehmer mit viel Erkenntnisgewinn nach Hause gehen und fälschlich glauben, dass sich das angesprochene Problem damit erledigt hätte, der Soll-Zustand also erreicht sei. Dem ist aber nicht wirklich so. Erst wenn das Erkannte in das Handeln im Alltag eingebaut ist, wurde das Problem richtig bewältigt.

Ein Beispiel: Nach dem Ende des Zweiten Weltkrieges wollte man herausfinden, was eigentlich das Wirkende an der psychoanalytischen Therapie ist, denn man wollte sehen, ob man die bis dahin über mehrere tausend Stunden dauernde Psychoanalyse wesentlich verkürzen könnte, um sie dann vielen Menschen als wirksame Therapie zukommen zu lassen. Waren es die Therapiestunden und das, was darin geschah? Oder war es etwas anderes? Als ein wesentlicher Faktor für den Gesundungsprozess stellte sich heraus, dass es darauf ankam, wie die Betroffenen die Zeit zwischen den Sitzungen genutzt hatten, um ihre Erkenntnisse aus den Therapiestunden in ihrem Alltag umzusetzen. Mein Vater hat diese Erkenntnis dahingehend genutzt, dass seine Analysepatienten aus jeder Stunde ein Rezept mit Übungen zur Umsetzung der gewonnenen Erkenntnisse

---

[4] Grete Leutz: Psychodrama. Berlin, Springer, 1974; Christoph Hutter u. Helmut Schwehm (Hrsg.): J.L. Morenos Werk in Schlüsselbegriffen. VS Verlag für Sozialwissenschaften, 2009

für zu Hause mitgenommen haben (ein früher Ansatz von Verhaltenstherapie in Kombination mit Psychoanalyse!).

Nun sind Gegenwartsbewältigung und Altlastbefreiung Themen der psychopädischen Beratung. Wenn Menschen Probleme haben und deswegen eine Beratung aufsuchen, bewegt sie die Frage nach dem Warum und dem Woher. Viele hoffen, dass die Arbeit gemacht ist, wenn Licht in das Dunkel der Vergangenheit gebracht wurde, wenn sie verstanden haben, wo etwas vielleicht seine Ursache hat, und dass sich Besserung dann automatisch einstellt. Leider ist dem nicht so. Verstehen ist wie gesagt eine Grundlage für das zukünftige Handeln, verpufft aber, wenn ihm nicht Taten folgen. Für die Wissenschaft ist dieser Erkenntnisgewinn ein wichtiger Schritt, der ermöglicht, dass wir heute einiges über die Zusammenhänge zwischen unseren frühen Erfahrungen und den daraus eventuell später erwachsenden Problemen wissen.[5]

Erkenntnis ist eben nicht das Gleiche wie Lösung. Und zu viel Erkenntnis kann zu überhohen Ansprüchen sich selbst gegenüber führen mit Resignation und Handlungsunfähigkeit in der Folge. Deshalb gilt es, das richtige Maß zwischen Erkenntnis und Umsetzung des Erkannten ins Handeln herauszufinden und zu leben.

---

[5] Siehe als Weiterführung zu diesem Thema Jakob Derbolowsky: Wodurch wurde ich, wie ich bin? Germering, Psychopädica Verlag, 2012

Das vierte Gebot: „Du sollst Vater und Mutter ehren!"

Vielleicht fragen Sie sich, wie diese Kapitelüberschrift zum Thema des Buches passt. Aber das tut es, denn Vater und Mutter sind die zentralen Repräsentanten unserer persönlichen Vergangenheit. Im Alten Testament wurde ihnen vermutlich auch deswegen in den Zehn Geboten schon an vierter Stelle ein eigenes Gebot gewidmet.
„Umgang mit den Eltern" ist ein Thema, das auch in der Psychopädie und ganz allgemein in der Psychotherapie eine zentrale Rolle spielt. Die Frage beispielsweise, welche Rechte und welche Pflichten Kinder gegenüber ihren Eltern haben und umgekehrt, ist den meisten Menschen unklar. Hier finden sich viele sogenannte Glaubenssätze, die nicht hinterfragt werden, obwohl sie einer genauen Überprüfung kaum standhalten würden. Aus solchen Vorstellungen können erhebliche Lebensprobleme erwachsen.[6]

Ein Aspekt ist das Gefühl der Verpflichtung, für das Wohl der Eltern zu sorgen, welches Kinder von früh an begleitet und einschränkt. Doch soll dies so sein? Sind Kinder für das Wohlergehen der Eltern da oder sollen sie die von denen aufgetragenen Aufgaben erfüllen, damit es ihnen selbst dadurch wohlergeht? Oft scheinen die Gegenwart und die Zukunft im Mittelpunkt eines Problems zu liegen. Dennoch baut dieses auf dem Fundament der bisher erlebten Vergangenheit mit den Eltern auf.

Das möchte ich am Beispiel eines Samenkorns erläutern: Es trägt seine Vergangenheit und seine Zukunft stets in

---

[6] Siehe Jakob Derbolowsky: Wodurch wurde ich, wie ich bin? Psychopädica, 2013, S. 130 ff.

sich. Wenn das umgebende Milieu passend ist, wird der Startschuss „Es werde!" ausgelöst. Das Samenkorn beginnt aus sich heraus zu keimen. Es setzt seine genetische Mitgift um, die die ganze Vergangenheit enthält und auf eine vorgegebene Zukunft hin sich entwickelt. Beim Menschen könnte man dies vergleichen mit der Situation, wenn er noch im „Nichtsein" umherschwimmt. Erst wenn das Milieu geeignet erscheint, wenn das Samenkorn auf ein passendes Paar trifft, ist die „Zeugung", das heißt die Materialisierung der Idee dieses Menschen, erfolgreich.

Mit der Verschmelzung von Sperma- und Eizelle zu einem individuellen Einzeller entsteht das Samenkorn, in dem der Befehl „Es werde!" bereits aktiv ist. In diesem einzigartigen Ein-Zell-Wesen ist das ganze Potenzial dieses Menschen inklusive der Vergangenheit all seiner Vorfahren bereits vorhanden. Befindet sich die Zelle in einem Milieu, das ja zu ihm sagt und ihn aufnimmt, dann wird der Befehl „Werde!" weiter befolgt und die Zelle vermehrt sich. Der nun rasant wachsende Mehrzeller bildet, sobald er auf einem passenden Mutterboden angekommen ist, gleich erste Wurzeltriebe aus, die eine Beziehung zu dem Boden aufnehmen. Beim Menschen erfolgt dieser Vorgang als Einnistung in der Gebärmutter. Seine Wurzeln verbinden den Keimling mit der ihn umgebenden Erde, der er die für sein weiteres Wachstum benötigte Nahrung entnimmt. Je intensiver die Verwurzelung ist, desto besser kann sich der Keimling entwickeln. Aus ihm wird mit fortdauerndem Wachstum schließlich ein großer Baum. Je stabiler er mit der Erde verwurzelt ist, desto solider steht er in der Welt.

Bei dem Menschen entspricht dieses Wurzelwerk zunächst seiner Plazenta. Im Deutschen wird sie „Mutterkuchen" genannt, obwohl sie ein Teil des Kindes ist, nämlich der Teil, mit dem es die Verbindung zur Mutter herstellt und durch die es sich Nahrung von ihr holt. Der Mutterkuchen ist sein Wurzelwerk, das mit der Geburt seine Funktion verliert und rasch abgestoßen wird (abgenabelt). Jetzt beginnt der Säugling, sich auf andere Weise zu verwurzeln. Dafür werden neue Triebe gebildet in Form des Aufbaus einer Beziehung zu den Menschen seiner Umgebung, vor allem zu der Mutter. Das ist überlebensnotwendig, denn erst nach einigen Lebensjahren wird der neue Mensch zunehmend selbstständig und kann sich mehr und mehr in seiner eigenen Welt verwurzeln, bis er erwachsen ist. In seinen ersten Lebensjahren ist er auf die Versorgung durch das Außen angewiesen, das heißt, seine für das Überleben notwendigen Nahrungsquellen sind seine Eltern, Großeltern und weitere Vorfahren. Sie entsprechen seiner „Erde", sie bieten ihm, was er zum Wachstum braucht. Je nachdem, wie der Halt aussieht, den sie ihm geben, kann sich das Wurzelwerk ausbilden, welches auch Grundvertrauen genannt wird.

Für das gute Gedeihen und die spätere Stabilität ist eine bejahende Beziehung zwischen den Beteiligten wichtig. Anders als beispielsweise bei einem Baum mit seinen Wurzeln in der Erde wird der Mensch mit zunehmendem Erwachsensein immer unabhängiger von seinen Eltern. Er übernimmt diese Funktionen immer mehr in Eigenregie. Das ist wichtig. Normalerweise verlassen die Kinder dann irgendwann ihre Eltern. Geschieht dies im Tierreich nicht freiwillig, so werden die Jungen schließlich von den Eltern aus dem Nest gestoßen, um selbstständig zu leben.

Diese notwendige Trennung bedeutet nicht, dass nun die Mitgiften entwürdigt werden, die jeder für sein Erwachsenenleben von daher mitbekommen hat. Und es bedeutet ebenso wenig, dass man die Menschen, die einmal die Elternfunktion gehabt haben, nun wichtiger nimmt als sich selbst. Sonst würde es dazu kommen, dass die Kinder nicht ihr eigenes Leben verwirklichen, sondern weitgehend das der Eltern leben. So wäre das vierte Gebot sicher falsch verstanden.

Bewertet jemand die „Erde", in die er sich verwurzelt hat, als schlecht, z.B. weil die Eltern so viele Erziehungsfehler gemacht haben, hat er es in seinem Leben schwer. Er hält den Boden für nicht nährstoffreich und karg und glaubt, dass seine Wurzeln deshalb falsch und verkümmert gewachsen seien und nicht ausreichen würden, um ihm für später den notwendigen Halt zu gewährleisten.

Was kann er dann tun? Seine Eltern, seine Vorgeschichte kann er nicht ändern. Aber er kann seine Vorgeschichte jederzeit neu und anders bewerten. Es ist jetzt seine Aufgabe, sich ein gutes Verhältnis zu seiner Vergangenheit und den darin handelnden Personen aufzubauen und zu erhalten. Und sich, egal wie es inhaltlich abgelaufen ist, zu einer wertschätzenden Haltung durchzuringen. So verstehe ich das Gebot.
Nicht jedoch verstehe ich es als Zwangsjacke, die zur Folge hat, dass ich mich lebenslänglich meinen äußeren Eltern unterwerfen muss und ihnen mich und mein individuelles Sein bedingungslos unterordne. Ich verstehe es auch nicht dahingehend, dass ich eine Dankesschuld gegenüber den Eltern abzutragen hätte. Denn das ist nur insoweit der Fall, wie ich sie um ihre Unterstützung gebeten habe. Also achte und wertschätze ich meine Eltern, ohne dabei eine Verpflichtung zur Gegenleistung zu haben, die über das normale zwischenmenschliche Maß hinausgeht. Als erwachsen gewordener Mensch habe ich die Mutter- und

Vaterfunktionen vollständig in meine eigene Regie übernommen und so die Elternfunktion anderer Menschen mir gegenüber überflüssig gemacht. Wie lästig es ist, wenn andere Menschen ungebeten versuchen, einen zu bemuttern oder zu bevatern, hat sicher jeder schon erfahren.

Meine bisherigen Eltern werden, dieser Funktion entledigt, für mich zu normalen Mitmenschen, mit denen ich ebenso wie mit allen anderen Menschen umzugehen habe und mit denen ich im günstigen Fall eine gute Freundschaft aufbauen kann. Man kann sich die Elternfunktion in etwa vorstellen wie eine Uniform, die man zunächst gebraucht hat, die man dann aber mehr und mehr ablegt und stattdessen zunehmend seine eigene Zivilkleidung anlegt.

Was hat es aber mit der Dankbarkeit auf sich? Das wird oft gefragt. Abgeleitet von dem, wie sich die Eltern für einen aufgeopfert haben, was sie alles für einen getan haben, damit man erwachsen werden konnte, müssten die Kinder als Gegenleistung nun Dankbarkeit zeigen. Sie müssten sich doch ihrerseits für die Eltern aufopfern, wenn diese, inzwischen vielleicht alt und gebrechlich geworden, zunehmend selbst Unterstützung benötigen. Ein sehr emotionales Thema.

Schauen wir es uns in Ruhe an. Nehmen wir dabei eine ungewohnte Blickrichtung ein. Fragen wir uns zunächst, ob uns unsere Eltern eigentlich uns oder eher sich selbst zuliebe bekommen wollten. Kann es nicht so gewesen sein, dass sie uns zur Erfüllung eigener Wünsche bekommen wollten, z.B. um genetisch fortzuleben und um sich an dem „eigenen" Werk zu erfreuen? Unbewusst vielleicht auch, um später zeigen zu können, was sie fertiggebracht haben („Schaut her, was für ein tolles Kind ich oder besser wir haben!!")? Damit das „Ergebnis" so gelingt, dass sie stolz darauf sein können, mussten sie während des Aufwachsens entsprechende Leistungen dafür erbringen. Das taten sie dann in erster Linie für sich und nicht wirklich nur für das Kind. In der Konsequenz ergibt sich, dass sie eigentlich die Opfer für ihr eigenes Glück und nicht das Kind erbrachten, auch wenn sie selbst es so empfinden.

Wenn man es so betrachtet, gibt es keine Begründung für spätere Verpflichtungen der Kinder, etwas zurückzuzahlen. Aber, und das sagt für mich das vierte Gebot, man soll sie ehren für den „Nährboden", den sie zur Verfügung gestellt haben und in dem man sich verwurzeln durfte.

Elisabeth Lukas, die bekannte Schülerin von Viktor Frankl, dem Begründer der Logotherapie und Existenzanalyse, und langjährige Leiterin des Instituts für Logotherapie, hat in ausgezeichneter Weise viele Aspekte des vierten Gebots und seine Bedeutung für das Leben beschrieben. Ich finde, dass ihre Gedanken die psychopädische Sichtweise des Themas bereichern. Deshalb freut es mich sehr, dass sie mir gestattet hat, den folgenden Text wortgetreu aus ihrem Buch „Spirituelle Psychologie. Quellen sinnvollen Lebens" in meine Darstellung zu übernehmen.[7]

Elisabeth Lukas: „Zum 4. Gebot"

Du sollst deinen Eltern die Fehler, die sie an dir begangen haben, verzeihen.

Die Tiefenpsychologie geht von einer Grundsatzidee aus, die in etwa lautet: Wenn die Eltern ihre Kinder „ehren" (in modernem Wortlaut: pädagogisch richtig erziehen, liebevoll auf ihre Bedürfnisse eingehen), dann ergeht es den Kindern wohl (in modernem Wortlaut: Sie erleiden keine Traumata, die sie verdrängen müssten, entwickeln keine Neurosen oder Depressionen) und sie leben lange (in modernem Wortlaut: Sie sind gegen psychosomatische Beschwerden gefeit). Ähnlich leuchtet uns die Umkehridee ein. Wenn die erwachsenen Kinder ihre Eltern „ehren" (in modernem Wortlaut: sie nicht bekämpfen, nicht ignorieren, stattdessen öfters besuchen und im Bedarfsfall unterstützen), dann ergeht es den Eltern wohl und sie leben lange (in modernem Wortlaut: Sie überwinden Midlifecrisis, Leere-Nest-Syndrom,

---

[7] Elisabeth Lukas: Spirituelle Psychologie. Quellen sinnvollen Lebens. 5. Auflage, München, Kösel, 2006, S. 47–52

Pensionierungsschock und Alterssiechtum besser). Aus dieser Überlegung heraus wird das 4. Gebot des Dekalogs zumeist (miss)verstanden als seinerzeitige Altersvorsorge – in einer Zeit, in der es weder eine Rentenkasse noch eine Pflegeversicherung gegeben hat.

Im Unterschied dazu ist uns die echte Wenn-dann-Relation des 4. Gebotes merkwürdig fremd geworden. Wenn die Kinder ihre Eltern ehren, achten und lieben, dann geht es – den Kindern gut. Den Kindern, nicht den „geehrten" Eltern! Ein logischer Widerspruch? Oder eine in Vergessenheit geratene, weise Erkenntnis? Und wenn, wie wäre sie vereinbar mit den Ergebnissen aktueller Psychotherapieforschung? Ich bin dieser Frage nachgegangen und fand eine verblüffende Vereinbarkeit des uralten Spruchs in seiner echten Bedeutung mit statistischen Datenerhebungen am psychothera-peutischen Krankengut des 20. Jahrhunderts. Eine Bewahrheitung, die sich allerdings nur enthüllt, wenn man die Gegebenheiten aus „höhenpsychologischer" statt tiefenpsychologischer Perspektive betrachtet.

Dazu Folgendes:

Seelisch kranke Menschen wandeln zu einem erschreckend hohen Prozentsatz mit Wut, Hader, Vorwürfen und Anklagen gegen ihre Eltern durchs Leben. In dem Vierteljahrhundert psychotherapeutischer Praxis, in dem ich den großen und kleinen Tragödien von mehreren tausend Patienten gelauscht habe, um ihnen, wenn irgend möglich, mit dem Ansatz der Logotherapie weiterzuhelfen, kommentierten 9 von 10 Patienten ihre Eltern kritisch. Kolleginnen und Kollegen meines Fachgebietes machten von jeher dieselbe Beobachtung. Daraus wurde bislang der Schluss gezogen, dass die Eltern der Kranken in der Erziehung eben so vieles falsch gemacht hätten, dass ihre Kinder daran seelisch erkrankt seien. Aber es lässt sich auch eine differente

Schlussfolgerung daraus ziehen, nämlich die, dass seelisch kranke Menschen mit überragender Häufigkeit Personen sind, die ihre Eltern ablehnen, ihnen die Fehler, die sie (wie alle Eltern mehr oder weniger) begangen haben, nicht verzeihen und ihnen grundsätzlich die Schuld für eigenes Versagen und Versäumnisse in die Schuhe schieben. Dass sie ihre Eltern nicht „ehren" und dass es ihnen gleichzeitig nicht wohl ergeht auf Erden ...

Einschub

An dieser Stelle sollen zwei Gesichtspunkte eingeflochten werden, die die logotherapeutische Übersetzung des 4. Gebots hervorragend untermauern.

a) Die Verabschiedungskraft der Vergebung

Das Leben ist ein ständiges Fortschreiten, von Stunde zu Stunde und von Lebensabschnitt zu Lebensabschnitt, und in einem damit ein ständiges Sich-verabschieden-Müssen, um der nächsten Stunde oder dem nächsten Lebensabschnitt voll zu gehören. Wer in das jeweils Gegenwärtige rückwärtsgewandt eintritt, ist in seiner seelischen und körperlichen Energetik gehemmt und erstarrt alsbald wie Lots Frau. Abschiede müssen somit kontinuierlich geleistet werden und nicht nur zum Lebensende hin. Aber man kann sich – wovon auch immer – einzig und allein im Guten verabschieden oder gar nicht. Was nicht befriedet ist, kommt nicht zur Ruhe. Es wird durch die Gegenwart hindurch geschleppt wie eine schwere Last und vergiftet auch noch die Zukunft. Es ist „ständig da", hängt gleichsam in der Luft und gibt den Menschen nicht frei zu seinem Eigentlichen. Insbesondere familiäre Fehden, Konflikte und Streitigkeiten hängen ihm wie schwere Gewichte an den

Beinen und verunmöglichen das Vorankommen in eigener Sache.

Was hier hilft, ist kein fortwährendes Nachgrübeln, wer wann wen als Erste(r) gekränkt hat. Die Urwurzeln des Hasses sind zu verästelt, um aus dem Boden der Geschichte ausgegraben zu werden. Und könnten sie in komplizierten Analysen ans Tageslicht geholt werden, wären sie trotzdem noch wirkmächtig. Es hilft auch kein Hin- und Herrechnen, wer wem wie viel schuldig geblieben ist oder wer durch wen wie geworden ist. Lieblosigkeit kann im Prinzip mit den lieblosen Taten anderer nicht gerechtfertigt werden und wer dies versucht, betrügt bloß sich selbst. Nein, was hier hilft, ist viel einfacher und großartiger: die Vergebung. Wobei „einfach" in diesem Zusammenhang nicht „leicht" meint, höchstens „schlagartig erleichternd". Denn wird mit Herzensbeteiligung und ehrlichem Willen vergeben, ist ein Schlussstrich gezogen und eine ganze Lebensepoche vom Geränk des Hasses gesäubert. Endlich kann Abschied von ihr gefeiert werden, kann unbelastet auf eigenem Weg fortgeschritten werden. Die von den Beinen losgesprengten Gewichte sinken zurück in die Bedeutungslosigkeit, aus der sie sich einst aufgebläht haben.

Wen wundert es unter diesem Aspekt, dass seelisch kranke Menschen in der Mehrzahl gehemmte, stecken gebliebene, infantile, aus ihrer Kindheit oder früheren Phasen nicht verabschiedete Menschen sind? Es ist nicht ihr Hauptproblem, dass sie eine solche Menge (von ihnen Angetanem) zu vergeben hätten, sondern dass sie niemandem (vor allem nicht ihren leiblichen Erzeugern) zu vergeben bereit sind!

b) Alle Entscheidung ist Selbstentscheidung

Ein altes Bibelwort lautet: „Nicht was zum Munde eingeht, macht unrein, sondern was vom Munde ausgeht ..." In psychologischer Übersetzung würden wir sagen: „Nicht was über einen Menschen entschieden wird, sondern was von ihm entschieden wird, entscheidet über seine Identität." Ein Mensch, der geliebt wird, kann – deswegen oder trotzdem – alles sein, was er will. Ein Mensch, der liebt, ist ein Liebender. Ein Mensch, der gehasst wird, kann auch noch alles sein, was er will. Aber ein Mensch, der hasst, ist unweigerlich ein Hassender. Bei einem Patientengespräch sagte einmal ein Mann zu mir: „Meine Mutter lebt im selben Wohnhaus wie meine Familie und ich, aber völlig abgetrennt von uns. Wir brauchen sie nicht zu sehen." „Wollen Sie sie denn nicht sehen?", fragte ich zurück. „Ach wissen Sie", antwortete er, „ich mag meine Mutter nicht. Sie hat früher, als sie noch rüstig und meine Frau berufstätig war, für unsere Kinder gesorgt, für uns gekocht gewaschen und gebügelt. Wenn sie jetzt keuchend über die Treppe humpelt, macht sie mir Schuldgefühle."

Arme Mutter? Keineswegs! Armer Mann! Er formt sich zu einem undankbaren Sohn. Er beschädigt seine Identität! Er braucht seiner Mutter nicht zu begegnen, um dies zu spüren; ein Blick in den Gewissensspiegel genügt. Wie wird er einmal dastehen, nicht nur an ihrem Grab, sondern auch vor sich selbst? Als einer, der seine Mutter im Alter im Stich gelassen hat. Und wie wird seine Mutter dastehen? Als eine, die geliebt, geholfen, gedient hat. Die ihre Kinder und Kindeskinder in der Bedrängnis nicht im Stich gelassen hat. Sie ist an Lebensernte reich gesegnet und kann mit ihrer Identität zufrieden sein. Das undankbare Verhalten ihres Sohnes vermag ihr nichts davon wegzunehmen, rein gar nichts.

Freilich gibt es auch Gegenbeispiele. Eltern, die zänkisch, nörglerisch, vereinnahmend, herrschsüchtig etc. sind. Trotzdem wird stets die Einstellung ihrer Kinder zu ihnen über deren eigenes Wohl mitentscheiden. Wenn die Kinder sich ducken, werden sie zu Duckmäusern, wenn sie Tyrannei zulassen, werden sie zu Tyrannenförderern, und wenn sie innerlich gefestigt und äußerlich barmherzig bleiben, werden sie zu stabilen und gütigen Menschen. Wieder könnte der Einwand laut werden, dass dies nicht leicht ist. Richtig. Genau deswegen bedeutet seelische Krankheit vielfach den Endpunkt eines leichten, allzu bequemen Weges, auf dem man jeder Herausforderung, Hürde und Verantwortung ausgewichen ist, ganz nach Art des vorhin genannten Patienten, der sogar vor einer Treppenbegegnung mit seiner Mutter flüchtet, um sich Schuldgefühle zu ersparen. Und der psychotherapeutische Hilfe braucht, weil er mit sich und seiner Identität nicht zufrieden ist.

Welches Resümee lässt sich aus alledem ziehen? Als langjährig erfahrene Psychotherapeutin möchte ich behaupten, dass das 4. Gebot ein wahres Liebesgebot für die Kinder ist. Ihnen gilt es, den Kindern, der heranwachsenden Generation, der es gut gehen möge, die beschützt sein möge vor unnötigem Gram und Schmerz und entbunden werden möge von den Hypotheken ihrer Herkunft. Das aber können die Kinder nur in einem „Doppelakt" erreichen, indem sie ihren Eltern aufrichtig für das danken, was sie im Erziehungsprozess von ihnen geschenkt bekommen haben, und ihnen mindestens so aufrichtig das vergeben, was dabei missglückt ist. Kaum ein anderer Oberbegriff kann beide Akte besser unter sich subsumieren als der Begriff des „Ehrens", der in einer Dimension weit über dem simplen „Zurückzahlen" oder gar „Heimzahlen" angesiedelt ist. Wo Menschen dazu bereit sind, steht

Eigenes und Neues offen und manche traurige Erinnerung kann endgültig abgelegt werden, auf dass sich die Welt zeige, wie sie ist: vom Geist durchweht.

Hier endet das Zitat aus dem Buch von Elisabeth Lukas.

Gerechtigkeit – Wunsch und Wirklichkeit

Es scheint, dass von Kindheit an im Menschen ein Empfinden für Gerechtigkeit und ein Streben danach angelegt ist. Schon kleine Kinder finden es schlimm, wenn sie sich oder andere ungerecht behandelt fühlen. Dann setzen sie viel Energie ein, um diese Ungerechtigkeiten zu beseitigen.

Man kann das im häuslichen Alltag gut erkennen, wenn bei unterschiedlich alten Geschwistern scheinbar nicht mit gleichem Maß gemessen wird, sondern altersangepasst, beispielsweise bei der Höhe des Taschengeldes oder der Schlafenszeit. Doch was wäre hier gerecht? Es ist ganz offensichtlich nicht so einfach, wenn nicht gar unmöglich. Das zeigt sich später auch bei Erwachsenen, wenn es um die Entlohnung der Arbeit geht. Ist es gerecht, dass gleiche Arbeit unterschiedlich bezahlt wird?

Wenn wir davon ausgehen, dass Eltern ihre Zuwendung und ihre Gaben unter ihren Kindern möglichst gerecht aufteilen wollen, dann müssen wir leider feststellen, dass es ihnen aus ihrer Sicht und erst recht nicht aus der Sicht der Kinder so wirklich gelingt. Mit welchem Maß muss gemessen werden? Kann es aus Sicht der Kinder z.B. gerecht sein, dass die Mutter ihrem Neugeborenen viel mehr Zeit zuwendet als ihrem vierjährigen oder dem vielleicht schon 14-jährigen anderen Kind?

Ist es gerecht, wenn Kinder jeder Altersgruppe gleich viel Taschengeld bekommen? Oder sollte es einigermaßen angepasst an die jeweils altersentsprechenden Bedürfnisse gestaffelt sein? Hier gibt es viele Möglichkeiten für Konflikte, die nicht immer gelöst werden können. Manche dieser „Ungerechtigkeiten" werden einfach verdrängt. Sie tauchen dann erst später, manchmal erst bei der Verteilung der Erbschaft wieder aus der Versenkung auf.

Während der Schulzeit und im späteren Leben geht es so weiter, denn können Beurteilungen oder Entlohnungen wirklich gerecht erfolgen? Jeder Mensch ist anders und hat sein persönliches Gerechtigkeitsempfinden. Karl Marx hatte als zielführenden Weg vorgeschlagen, dass jedem nach seinen Bedürfnissen gegeben werden und jeder nach seinen Fähigkeiten geben sollte. Doch ist dies nicht eine Utopie und als solche nicht umsetzbar? Wer legt die Fähigkeiten und wer die Bedürfnisse fest? Die Folge wäre, dass allen unterschiedlich gegeben wird. Ist es außerdem gerecht, wenn die Bezahlung an unterschiedlichen Orten für die gleiche Tätigkeit unterschiedlich ist? Schafft die Rechtsprechung Gerechtigkeit? Eigentlich sollte das ihr Ziel sein, aber gelingt ihr das?

Tatsächlich gibt es auf der Welt keine absolute Gerechtigkeit, sondern nur subjektive Gerechtigkeiten, also so viele, wie es Menschen gibt. Dennoch sollte versucht werden, diese Unterschiede anzunähern an ein gemeinsames Empfinden, das begründet ist durch überlieferte kulturelle und erzieherische Faktoren, aus denen sich so etwas wie ein allgemeines Rechtempfinden entwickelt hat. Diese Gerechtigkeitsvorstellung ist orientiert an den Normen und Vorstellungen der Zivilisation, in der sie gelten soll, und sie ist am Erhalt derselben orientiert.

Objektive Gerechtigkeit ist somit ein Ideal, das für den Menschen unerreichbar ist, nach dem er aber hingetrieben ist und zu dem er hinstreben muss. Auch wenn ihm bewusst ist, dass es sich immer um eine individuelle Gerechtigkeit handelt, die jeder Einzelne anders sieht und empfindet.

Absolut gesehen gibt es zwar eine objektive Gerechtigkeit. Sie ist jedoch dem Menschen nicht zugänglich, denn dafür bedarf es bestimmter Voraussetzungen, die er nicht hat: Er müsste allwissend sein. Für eine gerechte Beurteilung eines Sachverhaltes müsste er allumfassend sowohl die gesamte Vergangenheit mit all ihren Facetten, Betrachtungsmöglichkeiten und Folgen kennen und berücksichtigen als auch die Gegenwart und dazu noch alle Auswirkungen, die sich daraus für die Zukunft bis ans Ende aller Tage ergeben. Es leuchtet ein, dass es dem Menschen nicht gegeben ist, eine solche Komplexität zu erfassen. Andererseits finde ich es sehr gut, dass wir nicht alles wissen, z.B. die Zukunft nicht wirklich kennen. Denn wo bliebe sonst die Spannung, die unser Leben so abwechslungsreich und interessant macht?

Wie hilflos wir in Hinsicht auf Gerechtigkeit sind, zeigen die aus Gerichtsverfahren ergehenden Urteile. Hier wird hoffentlich versucht, zumindest die Vergangenheit möglichst umfänglich und aus den unterschiedlichen Blickwinkeln zu erfassen. Daraus wird dann unter Bezugnahme auf die Normen ein Urteil im Hinblick auf zukünftiges Verhalten gebildet. Das braucht viel Zeit und führt doch nur begrenzt ans Ziel. Denn ein von Menschen gefälltes Urteil kann eben niemals wirklich gerecht sein. Für absolute Gerechtigkeit müsste der ganze Schöpfungsplan bekannt sein. Dieses Wissen ist nur dem Schöpfergott selbst vorbehalten.

Menschliche Urteile wandeln sich zudem im Laufe der Zeit. Das dürfte, will man zu einer objektiven Beurteilung gelangen, nicht sein. Dass es so ist, sehen wir an der

Geschichtsschreibung: Beurteilungen werden immer wieder revidiert, weil zwischenzeitlich gewonnene neue Erkenntnisse das damalige Geschehen in einem anderen Licht erscheinen lassen.

Nun könnte man daraus folgern, dass man am besten spontan und „aus dem Bauch heraus" seine Urteile fällen und sich nicht um die Erfassung möglichst vieler Faktoren kümmern sollte. Doch das kann es auch nicht sein, denn das würde zu Auswüchsen wie Lynchjustiz und zu Vorverurteilung eventuell Unschuldiger in den Medien, der Presse oder im Internet mit bekanntermaßen schlimmen Folgen führen.

Auch wenn wir einen Kontext brauchen, in Bezug auf den wir unser subjektives Gerechtigkeitsgefühl immer wieder überprüfen können, ist es sehr beruhigend, dass wir nicht der allwissende Schöpfer sind. Das hilft uns, in aller Bescheidenheit zu akzeptieren, dass wir nur darum bemüht sein können – und natürlich auch sollen –, dem möglichst nahezukommen, was wir für gerecht halten. Dann werden wir in unseren Urteilen gegenüber anderen, aber auch uns selbst hoffentlich etwas gnädiger werden und auch bereit sein, diese gegebenenfalls zu revidieren.

Rache

Ein Hindernis auf dem Weg, die Vergangenheit zu entgiften und zu einem unbeschwerten Leben zu gelangen, sind Rachegelüste. Sie entstehen durch Ungerechtigkeiten und Verletzungen, die uns zugefügt wurden. Hier strebt alles in uns zu einem Ausgleich. Erst wenn der andere genauso gelitten hat wie ich durch ihn, ist der Ausgleich wiederhergestellt und damit die Basis für ein friedliches Miteinander geschaffen.

Das ist ganz im Sinne der alttestamentarischen Forderung „Auge um Auge, Zahn um Zahn". Sie ist begründet im Gerechtigkeitsempfinden jedes Einzelnen. Dennoch ist dies letztlich eine eingeengte Sichtweise, denn es ist nicht möglich, einen objektiven Ausgleich zu schaffen. Ein erschreckendes Beispiel hierfür ist die sogenannte Blutrache, die besagt: Tötest du einen der Meinen aus welchem Grund auch immer, dann töte ich einen der Deinen. Doch sind die beiden Getöteten wirklich gleichwertig aus der Sicht des jeweils anderen? Da das nie der Fall ist, geht das Töten immer weiter und ein Friedensschluss ist kaum in Sicht.

Ein weiterer Aspekt des Themas Rache ist, dass es den, der durch sie einen Ausgleich zu erreichen trachtet, in der Regel härter trifft als den, an dem die Rachehandlung und die Bestrafung vorgenommen werden.

Zur Verdeutlichung eine Geschichte, wie sie in vielen Wildwestromanen erzählt wird. Ein etwa achtjähriger Junge erlebt, hilflos hinter einem Holzstapel kauernd, wie drei Verbrecher die elterliche Farm überfallen, die Eltern und seine Schwestern töten und schließlich die Farm anzünden. Wie durch ein Wunder wird er nicht entdeckt. Er entkommt dem Inferno lebend und findet Unterschlupf bei einer anderen Familie. Als die Verbrecher abgezogen waren, hatte er, noch hinter dem Holzstapel versteckt, geschworen, dass er nicht ruhen werde, bevor er die Tat gerächt bzw. die Täter zur Rechenschaft gezogen haben würde.

Besessen von diesem Hintergrundgedanken, wächst er heran und setzt folgerichtig alles daran, als Kämpfer und als Schütze sehr gut zu werden. Als er volljährig wird, sehen wir ihn als einen stattlichen Mann mit hervorragenden Fähigkeiten in vielen Kampfarten. Endlich, denkt er, ist es so weit, dass ich meinen Rachefeldzug beginnen kann. Er verlässt seine Zieheltern, die ihn gern als Erben gesehen hätten, und macht sich auf die Suche nach den Tätern von damals. Nach einiger Zeit findet er eine Spur und es gelingt ihm, einen der drei Mörder ausfindig zu machen. Er stellt ihn. Aber es gelingt ihm nicht – vielleicht will er es auch gar nicht –, diesen dem Sheriff und damit dem Gericht zu übergeben. Stattdessen kommt es zu einem Schusswechsel zwischen beiden, bei dem er den Mörder erschießt. Einer der Verbrecher hat jetzt mit seinem Leben für die Tat bezahlt. Den ersten Teil seines Racheschwurs hat der junge Mann damit eingelöst.

Nun nimmt er die Spur zum zweiten Halunken auf. Nach vielen Monaten der Suche gelingt es ihm schließlich, ihn zu finden. Wieder kommt es zu einem Schusswechsel, bei dem auch dieser Mörder von ihm getötet wird.

Diesmal ist er jedoch nicht schadlos davongekommen, denn bei der Schießerei ist auch er getroffen worden und bleibt schwer verwundet auf der Dorfstraße liegen. Genau da passiert es, dass die schöne Tochter des Großranchers vorbeifährt und ihn sieht. Sie stoppt sofort ihre Kutsche, springt herunter und kümmert sich um ihn.

Aufopferungsvoll pflegt sie ihn bei sich zu Hause wochenlang bis zu seiner vollständigen Genesung.

Es kommt, wie es kommen muss. Sie verlieben sich ineinander und verbringen eine sehr glückliche Zeit zusammen. Auch ihr Vater ist von dem Paar begeistert, denn so einen stattlichen Mann und guten Kämpfer hat er sich als Schwiegersohn und Nachfolger immer gewünscht. Schließlich wird die Hochzeit geplant und alles scheint auf ein gutes Ende hinzusteuern. Doch da kommt dem jungen Mann sein Schwur von damals in die Quere, den er in seiner Verliebtheit verdrängt hatte: Nicht eher zu ruhen, als bis die drei Mörder gestellt und ihrer gerechten Strafe zugeführt worden sind. Also darf er nicht heiraten, bevor er seinen Schwur erfüllt und seine getötete Familie gerächt hat.

Schweren Herzens verabschiedet er sich von seiner Liebsten und ihrem Vater. Es kommt zum tränenreichen Abschied und irgendwie wissen alle, dass dies das Ende der glücklichen Zeit ist und er nicht mehr zurückkommen wird. Es fällt ihm sehr schwer zu gehen, aber es gelingt ihm nicht, über seinen Schatten zu springen und die Rache zu begraben. Er nimmt also die Suche nach dem letzten Banditen auf. Nach einigen Jahren und vielen Mühen erwischt er ihn schließlich. Er stellt ihn und es kommt zum finalen Duell, bei dem sich beide gegenseitig töten. Damit endet die hier kurz zusammengefasste Geschichte.

Die Lehre, die daraus zu ziehen ist, lautet, dass es sich nicht lohnt, für Rache zu leben. Der junge Mann – dem zugegeben schon als Kind und auf schreckliche Weise seine Familie und sein Besitz genommen worden waren – hat über diesen Verlust hinaus noch zusätzlich sein eigenes Leben und sein mögliches Glück geopfert, indem er sich der Rache verschrieb. Er hat sein Potenzial nur um der Rache willen entfaltet und sich selbst das Leben weitgehend vergällt, während die Täter bis zu dem Zeitpunkt, als er sie schließlich stellte, eigentlich recht unbeschwert ihr Leben weitergelebt hatten.

Ganz anders war es bei einem Bekannten von mir. Er sagte, nachdem man ihn bestohlen hatte: „Ich gehe davon aus, dass der Dieb diese Sachen offensichtlich nötiger hat als ich und Gott sie ihm nun auf diesem Weg zukommen ließ. Friede sei mit ihm." Diese Herangehensweise ist auch im Stück „Les Misérables" von Victor Hugo an einer Stelle sehr eindrücklich in Szene gesetzt worden.

Für ein gesundes Leben ist es daher sinnvoll, nicht sich rächen zu wollen und Rachegedanken und -gelüste von Anfang an zu verbannen. So wie es schon Paulus im Brief an die Römer geschrieben hat: „Rächet euch selber nicht, meine Liebsten, sondern gebet Raum dem Zorn (Gottes); denn es steht geschrieben: ‚Die Rache ist mein; ich will vergelten', spricht der Herr" (Römer 12,19).

Vergeben ja, vergessen nie

So lautete auch der Titel einer Sendung in meiner Sendereihe „Alltagswerkstatt" bei Radio Horeb[8], die ein ungewöhnlich großes Echo bei den Hörern fand. Dies zeigte mir, wie stark das Interesse an dieser Thematik ist. Das ist verständlich, denn es zeigt die Schwierigkeit auf, dass wir einerseits nicht vergessen wollen und andererseits emotionale Ausgeglichenheit suchen. Nicht-Vergessenes hilft uns zu lernen, aber Nicht-Vergebenes lastet auf den Beziehungen – und in erster Linie zudem auf denen, die nicht vergeben.

Was hat es also mit dem Vergeben und mit dem Vergessen auf sich? Fangen wir mit dem Vergeben an. Es entsteht als Möglichkeit nur und erst dann, wenn jemand zuvor etwas erlebt oder erfahren hat, das er als verletzend, als ungerechte Behandlung und als ihn herabwürdigend empfindet. Es beginnt also mit einem Erlebnis, das emotional mit negativen Gefühlen verbunden ist und so auch gespeichert wird. Dazu gehören beispielsweise Erfahrungen von Schmerz, Ungerechtigkeiten, Unfairness, Bloßstellung (Gesichtsverlust) und Ähnliches. Besonders stark ist die Wirkung, wenn dabei dem anderen ein Vorsatz oder fehlende Rücksichtnahme (verwerflicher Egoismus) unterstellt wird, oder häufig auch, weil – unausgesprochene – Erwartungen nicht erfüllt wurden. Eine so entstandene „Wunde" wird dem Betroffenen bewusst bleiben bzw. sie kann jederzeit wieder aufbrechen. Erst Vergeben und nicht einfaches Vergessen führt zu einer Narbenbildung und zur emotionalen Aufarbeitung.

---

[8] Radio Horeb: www.horeb.org; Lebenshilfe, Reihe Alltagswerkstatt

Selbstfürsorge und Selbstschutz verlangen, dass man eine Wiederholung solcher negativer Situationen vermeidet. Das geht aber nur, wenn man daraus lernt, das heißt, sie nicht vergisst, sondern sie, befreit von negativen Emotionen, als Vergangenheit ablegt. Bleiben die ablehnenden negativen Gefühle mit der Erfahrung verbunden, bewirkt das ein Vermeidungsverhalten im Sinne einer Weltbildverkleinerung.

Warum ist Vergeben so schwer?

Weil wir dafür auf unser Streben nach einem gerechten Ausgleich und eventuell auch auf Strafe bis hin zu Rachegelüsten verzichten müssen. Wir können dann nicht mehr andere für die negativen Folgen des Geschehens verantwortlich machen. Anderen die Schuld meiner Misere zuzuschieben, wie beispielsweise dem früheren Partner, der einen unfairerweise verlassen hat, oder den Eltern, die ihn falsch erzogen haben, oder Gott, von dem man glaubt, dass er einen nicht gerecht behandelt habe – das ist viel leichter, als bei sich zu bleiben und bei sich etwas zu tun. Es ist natürlich nicht so, dass die anderen unbeteiligt gewesen sind, denn es gehören immer mindestens zwei dazu. Aber dennoch heißt es gerne, der andere ist schuld oder hat zumindest mehr Schuld als ich. Deshalb müsse auch der andere bei der Bereinigung den Anfang machen. Das hilft aber nicht wirklich, denn wir können den anderen nicht dazu bringen, anzufangen, wenn er nicht will. Aber wir können stets bei uns anfangen, auch wenn uns das oft nicht angenehm ist oder als gerecht erscheint.

Schließlich kann es noch sein, dass man glaubt, durch das Fehlverhalten des anderen ein Faustpfand gegen ihn

in der Hand zu halten, das man durch Vergeben weggeben würde.
Warum ist Vergeben so wichtig?

Für die Antwort auf diese Frage ist zunächst zu klären, wer eigentlich das Problem hat. Ist es derjenige, der uns schlecht behandelt hat, oder sind wir es vielleicht selbst? Die Antwort ist so unangenehm wie klar: Wir sind es selbst. Oft weiß der andere nämlich nichts von der Verletzung, die er uns aus unserer Sicht heraus zugefügt hat.

Die zweite Frage ist: Wenn einer nachtragend ist, also jemandem eine Handlung, ein Verhalten aus der Vergangenheit ins Jetzt und Hier nachträgt, wer trägt dann heute die Last? Die Antwort ist wieder so unangenehm wie klar: Es ist der Nachtragende. Derjenige hingegen, von dem die Aktion ausging, geht weiter unbeschwert durchs Leben. Da eine solche ungleiche Lastverteilung stets nach Ausgleich drängt, vergiftet der Nachtragende gern und nachhaltig die Beziehung zwischen ihm und dem anderen.

Es ist daraus zu folgern, dass es für die eigene unbeschwerte Lebensweise unverzichtbar ist, möglichst niemandem, weder Freund noch Feind, etwas nachzutragen. Und das setzt immer wieder Vergeben voraus.

Für die eigene Seelenhygiene wird daher vorgeschlagen, sich jeden Tag die Zeit zu nehmen und bewusst einem Menschen zu vergeben, was er mir aus meiner Sicht angetan hat. Sich selbst zu vergeben heißt, sich seiner selbst warmherzig so anzunehmen, wie man nun einmal ist. Doch wie kommt man dahin und kann man es lernen? Zunächst muss der Wille zur Vergebung da sein. Dann gilt es, die emotionale Tönung des Erlebten aufzuarbeiten und nicht das Erlebte selbst. Denn es ist die Art und Weise, wie ich Erlebtes speichere und damit umgehe, die einem Geschehen die Bedeutung gibt, die es zu einem sogenannten Trauma machen kann, und nicht die Fakten des Geschehens!

Im nächsten Schritt auf diesem Weg gilt es, den durch das Geschehen entstandenen Schmerz im Inneren, der unbedingt versorgt sein will, als solchen wahrzunehmen und sich selbst als Leidendem beizustehen. Die Verletzung, die versorgt werden will, ist ein Reiz, der in uns Änderungsenergie aktiviert. Praktisch heißt das, dass wir in uns den Ärger, ja eventuell die Wut auf den anderen hochkommen lassen müssen, um die große Energie zu bekommen, die für die schwere Aufgabe der Vergebung erforderlich ist.

In einem weiteren Schritt geht es dann darum, emotional intelligent mit dem Ärger umzugehen. Wie das funktioniert, habe ich in unserem Buch „Liebenswert bist du immer" in einem eigenen Kapitel beschrieben.[9] Hier nur kurz: Es geht darum, diese aktivierte Energie nicht *gegen* sich oder den anderen zu richten, sondern sie *für* sich zu nutzen, um einen Ausgleich in sich selbst zu bewirken und sich so von dieser emotionalen Altlast zu befreien. Das ist ein Vorgang, der sich nur im eigenen Inneren abspielt. Der andere bzw. das Außen ist davon nicht berührt.

Die Aufgabe ist, sich selbst in seinem Inneren zu vergeben, dann dem anderen und schließlich auch Gott, wobei das mit der nötigen Demut zu erfolgen hat. Das ist

---

[9] Udo und Jakob Derbolowsky: Liebenswert bist du immer. 4. Auflage, Paderborn, Junfermann Verlag, 2010

nicht so einfach, wie es klingt, denn: „Höher vermag sich niemand zu heben, als wenn er vergibt", wie es in dem Epos „Reineke Fuchs" von J.W. v. Goethe heißt.

Schritte, die das Vergeben erleichtern, sind:

- den Standpunkt des anderen einnehmen, sich in seine Situation einfühlen,

- das Geschehene aus der Hand seines Gottes zu nehmen, der einem logischerweise nichts Schlechtes wollen kann, und

- auf Rache und Machtausübung gegenüber dem anderen zu verzichten.

Vergeben mit der Möglichkeit der Versöhnung ist eine emotionale Qualität. Es wird dem Geschehen eine andere Werttönung gegeben, es wird also nun anders empfunden (Empfinden).

Vergessen ist eine kognitive (verstandesmäßige) Qualität. Hier geht es um das bewusste oder unbewusste Löschen von Erinnerungen in dem Gedächtnis (Verstehen).

Die Erfahrung, dass jemand mir nach dem Leben getrachtet hat, selbst wenn es unbewusst geschehen ist, hilft mir, mich zukünftig zu beschützen. Daher ist meine Antwort: Vergeben ja, vergessen nein, denn ich will aus meinen Erfahrungen lernen und trotzdem relativ unbeschwert durchs Leben gehen. Etwas im Gedächtnis zu behalten ist sehr wichtig, vergeben aber eben auch. Und darin kann man sich üben.

Es ist für das Wohl der eigenen Seele nützlich, gelegentlich innezuhalten und sich zu fragen, ob es

Menschen gibt, denen man etwas nachträgt, die einem nach eigener Ansicht etwas angetan haben. Wenn ich mich das frage, wundert es mich nicht, dass mir immer wieder Personen einfallen, auch solche, von denen ich glaubte, ihnen längst vergeben zu haben. Ein Beispiel ist einer meiner ehemaligen Lehrer am Gymnasium. Aus meiner damaligen Sicht mochte er mich nicht und behandelte mich immer wieder ungerecht und unfair. Noch nach 40 Jahren kam das wieder hoch anlässlich der Einladung zu einem Klassentreffen. Ich merke in solch einem Fall, dass die Erinnerung daran mit Säure und Ärger einhergeht. Das beruhigt sich aber gleich wieder, weil ich mir bewusst mache, dass seine Motivation damals nicht gegen, sondern für mich gewesen ist. Als ich später einmal mit ihm darüber gesprochen habe, hatte er dies bestätigt.

Leider ist es mit einem einmaligen Vergeben in vielen Fällen nicht getan. Wie heißt es schon in der Bibel: „Wie oft muss ich denn meinem Bruder, der an mir sündigt, vergeben? Ist's genug siebenmal? Und Jesus sprach zu ihm: Ich sage dir: Nicht siebenmal, sondern siebzigmal sieben Mal" (Matthäus 18,21–22; auch Lukas 17,4).

Ein sicher nicht einfaches Unterfangen. Nochmal betont, nur wenn ich mir immer wieder bewusst mache, dass der andere es vermutlich anders gesehen hat, mich vielleicht sogar gut behandeln wollte, und dass sein Verhalten dazu beigetragen hat, dass ich mich weiterentwickeln konnte und dass es mir die Fähigkeit gab, mit solchen Widrigkeiten in selbstaufbauender Weise umzugehen, gelingt es mir, ihm zu vergeben bzw. mich darum zu bemühen.

Vergebung zu üben ist anscheinend eine der großen Lebensaufgaben des Menschen. Christen werden durch die Zeile im Vaterunser daran erinnert: „… und vergib uns unsere Schuld, wie auch wir vergeben unseren Schuldigern …" Hier wird aufgezeigt, dass wir selbst nur in dem Maße mit Vergebung rechnen können, wie wir selbst bereit sind, uns selbst, anderen und auch Gott zu vergeben.

Der psychopädische Weg geht über die Versorgung des Schmerzes in unserem Inneren, indem wir uns zunächst selbst Trost spenden. So aktivieren wir in uns Energie, die wir dann nutzen für den schweren Vorgang der Vergebung. Dabei gestatten wir uns unseren Ärger und unsere Wut, aber wir verzichten bewusst auf jedwede Schuldzuweisungen, auf Rachegelüste, auf Machtausübung usw., sondern wir nutzen diese Energie für uns und nehmen das Geschehen als Anregung und Hilfe für die eigene Entwicklung und Reifung an.

Das Rucksack-Experiment

Stellen Sie sich vor, Sie bekommen die Aufgabe, dreimal eine Strecke von zehn Kilometern zu marschieren. Erschwert wird die Aufgabe dadurch, dass Sie einen etwa zehn Kilo schweren Rucksack tragen müssen, den Sie zwischendurch nicht absetzen dürfen. Zwischendrin rasten dürfen sie auch nicht. Als Belohnung können Sie, am Ziel angekommen, den Inhalt des Rucksackes für ihr weiteres Leben behalten und nutzen.

Bevor Sie losgehen, bekommen Sie jeweils eine andere Information über den Inhalt des Rucksacks. Im ersten Fall wird Ihnen gesagt: „In ihrem Rucksack befinden sich nur wertlose Steine." Im zweiten Fall hören Sie: „In Ihrem Rucksack befinden sich Goldtaler", und im dritten Fall wird Ihnen mit auf den Weg gegeben, dass es sich bei dem Inhalt entweder um Goldtaler oder um wertlose Steine oder um ein Gemisch aus beiden handeln kann.

Mit diesem Experiment wollen wir herausfinden, ob Sie in allen drei Fällen den Weg gleich belastend empfinden oder ob es Unterschiede gibt, die abhängig davon sind, was Sie als Inhalt des Rucksackes annehmen. Da sie nicht nachsehen dürfen, können Sie nicht sicher wissen, was sich im Rucksack befindet, auch wenn Ihnen vorher etwas darüber gesagt wurde. Eine Rolle spielt natürlich, wie sehr Sie den gegebenen Informationen trauen, aber diesen Punkt wollen wir jetzt vernachlässigen.

Zunächst betrachten wir den Fall mit der Information, dass es sich bei dem Inhalt des Rucksacks um wertloses Zeug handelt. Der Rucksack dürfte Ihnen vermutlich schwer vorkommen, der Weg lang erscheinen und Sie würden vermutlich auch nicht besonders motiviert sein.

Im zweiten Fall – mit der Information, dass es sich bei dem Inhalt um Goldtaler handelt – dürfte es Ihnen umgekehrt ergehen. Das Gewicht wird Sie kaum drücken und Sie bringen die Strecke vermutlich in sehr motivierter Stimmung zügig hinter sich.

Im dritten Fall, bei dem Sie im Unklaren darüber gelassen werden, was in dem Rucksack ist, hängt die Art und Weise, wie Sie die Strecke bewältigen, davon ab, was Sie sich als Inhalt ausmalen.

Als Nächstes wollen wir herausfinden, wie es Ihnen geht, wenn Sie am Ziel den Rucksack öffnen dürfen. Wir wollen wissen, wie Sie reagieren, in Abhängigkeit davon, ob Ihre Annahmen über den Inhalt gestimmt haben oder nicht.

Wenn Sie feststellen, dass man Sie im ersten Fall falsch informiert hatte und dass sich im Rucksack keine wertlosen Steine befinden, sondern dass lauter Goldtaler das Gewicht ausgemacht hatten: Wie wird es Ihnen dann gehen? Vermutlich werden Sie sich einerseits freuen, aber andererseits auch traurig sein, dass Sie sich wegen der falschen Vorstellung den Weg so unnötig schwer gemacht haben.

Im zweiten Fall stellen Sie am Ziel ebenfalls fest, dass Sie falsch informiert wurden, denn im Rucksack befinden sich gar keine Goldtaler, sondern Sie haben die ganze Zeit nur wertlosen Ballast mit sich herumgeschleppt. Wahrscheinlich werden Sie ärgerlich sein wegen der falschen Information, die Ihnen gegeben wurde. Aber Sie werden sich mit dem Gedanken trösten, dass Ihnen dadurch der Weg bis hierhin wenigstens wesentlich leichter gefallen ist.

Wenn Sie am Ziel allerdings feststellen, dass die Vorhersage mit den Goldtalern am Ziel der Realität entspricht, dann wäre der beste denkbare Fall eingetreten. Sie wären glücklich und würden alles Kommende zuversichtlich und motiviert angehen.

Was will ich mit diesem Experiment aufzeigen? Bereits bei der Geburt haben wir einen Rucksack aufgeschnallt bekommen. Er wird in der Folge mit unseren Erfahrungen, mit unserer Vorgeschichte gefüllt und immer gewichtiger. Der Weg, auf dem wir ihn tragen müssen, ist unser Lebensweg. Vielleicht versuchen wir, von Zeit zu Zeit ein wenig innezuhalten und einen Blick in den Rucksack zu werfen, doch es treibt uns den Weg weiter und die genaue Bewertung bleibt unerreichbar. Denn wir können den Inhalt nicht wirklich erkennen, allenfalls nur so viel von ihm, dass wir Annahmen darüber machen, die uns für den weiteren Weg beflügeln oder lähmen. Was wirklich drin ist und wie es absolut gesehen zu bewerten ist, erfahren wir frühestens am Ende des Lebens.

Mit dem Experiment sollte deutlich gemacht werden, dass die Bewertung der Vergangenheit – und insbesondere die unserer eigenen – ein grundlegender Faktor für die Art und Weise ist, wie wir unser Leben führen.
So stelle ich meinen Klienten oft die Frage, wie sie ihre Vergangenheit bewerten. Ich frage z.B.: „Wie war Ihre Kindheit? War sie gut, schlecht oder durchwachsen? Wie sehen Sie das heute?" Die Antwort zeigt die Bewertung des Inhaltes des persönlichen Vergangenheitsruck-sackes. Lautet sie: „Meine Kindheit war schlecht", verstehe ich das so, dass der Betroffene seine Vergangenheit als einen unnützen, nur belastenden Ballast ansieht.

„Am liebsten würde ich noch einmal ganz von vorne anfangen!", höre ich dann oft. Doch es ist eine Illusion, dass mit einem Neuanfang die Vergangenheit ungeschehen gemacht werden kann. Die Narben bleiben, wie auch in manchen Paarbeziehungen oft schmerzhaft erfahren wird, wenn zuvor ein Neuanfang verabredet worden ist.

Erfreulich ist die Freiheit jedes Menschen, die Bewertung des Rucksackinhaltes subjektiv vornehmen und beliebig oft ändern zu können. Denn Gewissheit gibt es, wie erwähnt, Gott sei Dank nicht, solange man unterwegs ist. Also ist der Mensch frei darin, den Inhalt seines Erfahrungsrucksackes zu bewerten. Betrachtet er seine Kindheit bzw. seine Vergangenheit als schlecht und unglücklich, dann wird er recht mühsam durchs Leben gehen. Wie anders lebt jedoch derjenige, der seine Vergangenheit als Goldtaler ansieht, also als wertvoll und die beste aller Möglichkeiten! Er geht leicht und angenehm durchs Leben.

Eine Änderung der Bewertung der eigenen Vergangenheit hin zu „Goldtalern" ist hilfreich, wenn man z.B. ein sehr negatives Verhältnis zu den Bezugspersonen der eigenen Kindheit entkrampfen und entgiften will. Man kann dieses sogar ins Gegenteil verwandeln. Je besser das gelingt, desto mehr wird Dankbarkeit an die Stelle von Schuldzuweisung oder gar Rachegedanken treten. Befreit von altem Groll und belasteten Gefühlen, könnte den eigenen Eltern unbefangen begegnet und ihnen sogar gedankt werden für die vielen Lehren, die sie einem beabsichtigt oder unbeabsichtigt erteilt haben. Auch wenn das dafür bezahlte Lehrgeld oft als schmerzlich erlebt worden ist. An die Stelle des Gedankens „Was sie alles mit mir falsch gemacht und mir angetan haben, obwohl sie es doch besser hätten wissen müssen" träte dann: „Dass ich heute so gelungen dastehe, wie ich tatsächlich bin, verdanke ich zum großen Teil ihnen und ihrem Verhalten."

Eine solche Änderung der Betrachtungsweise und der Bewertung hilft, die eigene Energie nicht für das Hadern mit der Vergangenheit zu verbrauchen, sondern sie zu nutzen, um das Jetzt und Hier und die Zukunft gut zu bewältigen.

Wir alle haben die Wahl!

Der Preis dafür ist, dass wir die Verantwortung für unser Leben übernehmen. Das beinhaltet, dass wir darauf verzichten, uns als Opfer zu sehen, und aufhören, anderen einschließlich Gott die Schuld für unsere jeweilige Misere zu geben. An die Stelle des Haderns träte dann die Frage „Was mache ich aus dem, was nun einmal so ist?". Diese Möglichkeit der unterschiedlichen Betrachtung der eigenen Vergangenheit erfasst ein Sprichwort: „Jeder ist seines Glückes Schmied."

Erben und vererben

Der Mensch ist anscheinend dazu angelegt, Materielles zu sammeln. Zugleich hat er den Drang, etwas zu hinterlassen. Etwas, das nach seinem Tod von ihm in der Welt bleibt. Da ist in erster Linie der biologisch notwendige Trieb, in den eigenen Kindern genetisch weiterzuleben. Ähnlich verhält es sich mit dem Wunsch, dass das, was man in seinem Leben geschaffen hat, z.B. eine Fabrik, eine Idee, eine Methode oder auch eine einmalige Sammlung, nach dem Tode weiterbesteht oder zumindest der Nachwelt erhalten bleibt als ein Angedenken an die eigene Leistung. Der Sinn des Wunsches, etwas zu vererben, ist damit klar.

Wie geht es jedoch denen, die etwas vererbt bekommen? Wenn man etwas erbt, dann erhält man etwas aus der Vergangenheit, das in die Zukunft getragen werden will. Die Verpflichtung, die mit der Annahme eines Erbes verbunden ist, kann zu einer großen Last werden. Die eigenen Wünsche nach Verwirklichung und dem Wuchern mit den eigenen Talenten werden fast unmöglich, wenn das Lebenswerk des Vaters, z.B. eine Fabrik für Lederwaren, so weitergeführt werden muss, wie er sie geführt hat, weil man glaubt, dies seinem Angedenken schuldig zu sein. Gelingt es nicht und bleibt der Erfolg aus, muss man sich dann noch den Vorwurf anhören, dass, wenn Vater gewusst hätte, was man aus seinem Erbe machen würde, er einen enterbt hätte. Dies ist eine der Problematiken, die es zu bewältigen gilt, wenn in einer Familienfirma die Leitung und Verantwortung an die nächste Generation weitergegeben werden soll.

Doch was kann man mit dem machen, was man angesammelt hat, wenn man die potenziellen Erben nicht damit belasten will? Ich habe mich lange mit einem auf dieses Fachgebiet spezialisierten Anwalt darüber unterhalten, wie es so läuft mit den Erbschaften. Zum einen gibt es umso häufiger Streit, je mehr vererbt wird, wegen der immer irgendwie ungerechten Aufteilung im Testament des Erblassers. Zum anderen bereiten die Verpflichtungen, die mit der Annahme des Erbes übernommen werden sollen, oft erhebliche Probleme.

Früher war es ein Stück weit einfacher, weil es klare Erbregeln gab und viele mögliche Erbschaften einfach durch die häufigen Kriege vernichtet wurden. Da stellte sich die Frage nicht so sehr wie heute, wo wir ganze Generationen von Erben haben. Dennoch gab es auch damals Streit und Kämpfe um das Erbe. Oft wollten die potenziellen Erblasser ihre Nachkommen auch möglichst so absichern, dass sie zukünftig keine Not haben und ohne Existenzsorgen leben sollten. Aber tut das den Erben gut? Fehlt da nicht der Druck, etwas zu leisten? Ein extremes Beispiel dafür wurde mir aus den USA berichtet. Da hatten Großeltern schon frühzeitig für ihre Enkel einen Vermögensgrundstock („Grannystock") angelegt und dann weiter darin eingezahlt, damit sie, wenn diese erwachsen sind, ein finanzielles Auskommen haben. Ein Zugriff darauf wurde auf das Erreichen eines vorher bestimmten Lebensalters des Enkels, z.B. das vollendete 18., 21. oder 25. Lebensjahr, festgelegt.

Das hat in einigen betroffenen Familien dazu geführt, dass die Eltern, die ihrerseits von ihren Eltern wenig Unterstützung erfuhren, zwar kaum das Nötigste zum Leben hatten, aber ihre Kinder dann mit z.B. 21 Jahren plötzlich über beträchtliche Einkünfte und Vermögen verfügten. Eine Folge des Wissens darüber war, dass die Enkel in Bezug auf die eigene berufliche Entwicklung gar keine Notwendigkeit sahen, z.B. eine Ausbildung zu machen. Das wäre ja mit unnötigen Mühen verbunden gewesen, denn schließlich wussten sie, dass sie durch den Grannystock in absehbarer Zeit bis an ihr Lebensende sehr gut finanziell versorgt sein würden, ohne dass sie dafür etwas zu leisten hätten. Von Beruf Erbe, wie es so heißt.

Doch kann das wirklich befriedigend sein für die Betroffenen? Passt das zum Menschsein? Der Mensch ist als Arbeitender geschaffen worden („Im Schweiße deines Angesichts sollst du dein Brot verdienen", 1. Mose 3,17–19) und nicht als ein Wesen, das im Schlaraffenland lebend nichts tuend nur das Wohlleben genießt. Ich denke mir manchmal, dass wir Menschen eine Rente oder eine Pension deshalb geben, um sie dafür abzufinden, dass sie zukünftig nicht mehr arbeiten und am Berufsleben teilnehmen dürfen.

Also ist für zukünftige Erblasser die Frage sehr berechtigt, wie sie sinnvoll mit dem umgehen können, was sie über die Jahre angesammelt haben und nicht mit ins Jenseits nehmen können.

In unserem Gespräch kamen der Anwalt und ich zu folgendem Ergebnis: Am wichtigsten erschien uns, dafür zu sorgen, dass die Mittel dafür eingesetzt werden, seinen späteren Erben eine gute Ausbildung nach deren Wahl zu ermöglichen. Dies soll sie in die Lage versetzen, durch eigene Arbeit in einem selbst gewählten Beruf ein gutes Auskommen zu haben. Das kann durchaus mal die Übernahme des Geschäftes der Eltern sein. Da so etwas oft schon zu Lebzeiten des Abgebenden erfolgt, ist bei diesem dann die Problematik des Loslassens und Akzeptierenkönnens von anderen Vorgehensweisen zu beachten.

Wenn darüber hinaus noch etwas übrig ist, hielten wir es für sinnvoll, dass es dafür verwandt wird, etwas zu fördern, das man als nützlich ansieht für die Menschen und die Welt mit allem, was auf ihr „kreucht und fleucht". Das können Hilfsprogramme sein wie Ärzte ohne Grenzen, SOS-Kinderdörfer oder Greenpeace, um nur einige zu nennen. Nicht besonders geeignet erscheinen uns Projekte, die nicht Hilfe zur Selbsthilfe oder Akuthilfe beinhalten, denn diese fördern eher eine passive Haltung gegenüber der eigenen Notlage und damit zugleich die Bequemlichkeit. Denn es geht ja dann auch ohne eigene Aktivität.

Auch fanden wir es gut, entsprechende Methoden zu unterstützen, die dazu beitragen, diejenigen Menschen umfassender zu schulen, die damit befasst sind, unsere Nachkommen, die Kinder in Kindergärten und Schulen, beim Aufwachsen zu begleiten, z.B. im Sinne einer speziellen Förderung der seelischen Gesundheit. Denn von diesen Personen, ebenso wie von den eigenen Eltern, schauen sich die Kinder ab, wie ihr Leben erfreulich geführt werden kann.

Eine solche Unterstützung kann auch in dauerhafter Form, z.B. als Stiftung, erfolgen. Dann sichert die Hinterlassenschaft das Fortbestehen einer Idee, z.B. eines Geschäftes oder einer Methode, ohne die eigenen Nachkommen zu belasten bzw. sie in ihrer eigenen Entwicklung und bei der Erfüllung ihrer individuellen Pflichten zu behindern, nämlich die ureigenen Anlagen und Fähigkeiten zu größtmöglicher Vollendung zu bringen.

Ein Zugang zur Zukunft

Es gibt Menschen, für die ist ihr bisheriges Leben im Wesentlichen eine Addition von belastenden Erlebnissen. Sie sehen die Zukunft als Bedrohung, die sie, mit was weiß ich noch allem, überhäufen wird. Das steht im Widerspruch zu der Annahme, dass der Mensch für ein frohes und zuversichtliches Leben geschaffen wurde und nicht für ein ängstliches und mutloses.

Auch wenn wir unser Leben „im Schweiße unseres Angesichts" zu führen und Neues unter Schmerzen zu gebären haben, sollte uns das aufbauen und nicht entmutigen. Denn gerade aus Unlust oder unter großer Belastung wird Großes geschaffen, man denke nur an Diamanten: Sie entstehen nur unter langem und großem Druck aus Kohlenstoff. Auch für die Entstehung dieses Buches war viel Druck notwendig, um es fertigzubekommen.

Zudem haben wir als Menschen die Fähigkeit und Möglichkeit mitbekommen, zu allem und jedem auf Distanz zu gehen, sich als Gegenüber zu erleben. Das ermöglicht uns, alles relativieren zu können und uns in eine Beziehung setzen zu können. Das wiederum hat zur Folge, dass der Mensch alles, was ist, was war und was sein wird, von unterschiedlichen Standpunkten aus betrachten kann. Ähnlich wie bei bestimmten Substanzen, die sowohl als Heilmittel als auch als Gift eingesetzt werden können. In diesem Beispiel entscheidet die Dosis über die Wirkung, während bei der Betrachtung des Lebens dies der Standpunkt ist, von dem aus man das Geschehen betrachtet und bewertet.

Der Philosoph Georg Christoph Lichtenberg hat das so formuliert: „Jen Augenblick des Lebens, er falle, aus welcher Hand des Schicksals er wolle, den günstigsten wie den ungünstigsten zum bestmöglichen zu machen, darin besteht die Kunst des Lebens und das eigentliche Vorrecht eines vernünftigen Wesens."[10] Im Christentum heißt es in ähnlicher Weise: „Denen, die Gott lieben, alle Dinge zum Besten dienen" (Römer 8,28). Das verstehe ich so, dass, wenn wir alles, wirklich alles, was uns geschieht, aus Gottes Hand annehmen, es uns zum Besten gereicht, also gut für uns ist. Wem das gelingt, alles aus Gottes Hand zu nehmen, das heißt, sich Gottes vollendetem Schöpfungsplan zugehörig zu sehen, der kann nur ein dankbares, zuversichtliches und auch frohgemutes Leben führen. Ängste haben da wenig Platz. Allerdings sei betont, dass das nicht dazu führen darf, dass man sich unter Berufung auf Gott vor seiner Verantwortung drückt.

Sehr schön ist dies ausgedrückt in einer Ermutigung, die ich in den Losungen der Herrnhuter Brüdergemeine (28.02.2013) gefunden habe: „Ich sagte zu dem Engel, der an der Pforte der Zukunft stand: ‚Gib mir ein Licht, damit ich sicheren Fußes der Ungewissheit entgegengehen kann.' Aber er antwortete: ‚Geh nur in die Dunkelheit und lege deine Hand in die Hand Gottes; das ist besser als ein Licht und sicherer als ein bekannter Weg!' (nach einer mündlichen Überlieferung)".

Ein Beispiel für so eine Sichtweise enthält auch das Märchen „Tischlein deck dich" der Gebrüder Grimm. Ich habe dieses Märchen als Kind in Hamburg im Theater gesehen und mir ist eine Passage bis heute lebhaft in Erinnerung geblieben. Sie handelt von dem Lehrling des

---

[10] Georg Christoph Lichtenberg: Aphorismen. Freiburg, Hyperion Verlag, S. 129

Müllermeisters. Immer wenn er seinem Meister irgendwo begegnet, bekommt er von diesem eine Ohrfeige, ganz egal, ob er etwas gut oder schlecht oder ob er überhaupt etwas gemacht hat. Ich denke, dass die meisten von uns sehr ärgerliche Gefühle und Gedanken gegenüber diesem Meister entwickelt hätten. Und dem Lehrling hätten wir geraten, den Betrieb zu verlassen oder dem Meister zumindest so gut wie möglich aus dem Weg zu gehen. Dieser Lehrling verhielt sich jedoch völlig unerwartet. Er blieb stets fröhlich und machte seine Arbeit mit Freude. Und jedes Mal, wenn er eine Ohrfeige bekam, quittierte er sie mit den Worten „Danke, Meister, wer weiß, wozu das gut ist!".

So kann man es machen. Die Schriftstellerin Selma Lagerlöf hat angesichts einer schweren Erkrankung sinngemäß formuliert, dass man in einer solchen Situation nicht fragen solle, was noch alles Belastendes auf einen zukommt, vielmehr solle man neugierig fragen, was Gott wohl noch alles mit einem vorhat.

Zuversicht ist die Haltung, die uns ein Leben ermöglicht, in dem die Vergangenheit entgiftet und die Zukunft verlockend ist.

Kraft, die eigene Vergangenheit zu verarbeiten

Das folgende Kapitel stammt aus der Feder von Udo Derbolowsky[11]. Er zeigt darin anhand von Beispielen aus seiner jahrzehntelangen psychotherapeutischen Praxis, wie es gelingen kann, eine aktuell belastende Vergangenheit kraftvoll in Angriff zu nehmen und zu bewältigen:

In meiner psychotherapeutischen Praxis stellt sich mir oft die Aufgabe, mit Menschen zu sprechen, die mich als Verbündeten gewinnen wollen für einen Kampf gegen ihre unbewältigte Vergangenheit.
Ein 18-jähriger Oberschüler, nennen wir ihn Tobias, der mich wegen Prüfungsangst aufsuchte, erklärte mir beispielsweise gleich zu Beginn unserer Unterredung, dass er genau wisse, woran es immer bei ihm liege. Er habe seinen Vater früh verloren, Mutter habe bald wieder geheiratet. Der Stiefvater sei ein strenger, autoritärer, hohe Leistung fordernder Mann gewesen. Er sei vor zwei Jahren ebenfalls gestorben. „Ich kann mir nicht helfen", sagte Tobias, „sobald ich vor einer Prüfung stehe, wird das Gefühl, dass ich bestimmt versagen werde, übermächtig und schnürt mir die Kehle zu. Das ist mein Stiefvater, der sitzt mir im Nacken! Aber nicht er allein! Es ist das ganze Schicksal, was ich Ihnen erzählt habe. Ich hasse meine Vergangenheit!"

Der Gedanke, ein neues Leben beginnen zu wollen, ist nicht selten. Die Ehe zerbrach, die Berufsausbildung wurde verworfen und lebenslange Neigungen wurden verdrängt. Und immer wieder heißt es zwar: „Das Alte ist vergangen!", doch mit dem bedenklichen Unterton: „Ich

---

[11] Siehe auch Udo Derbolowsky: Kränkung, Krankheit, Heilung. 5. Auflage, Bad Hersfeld, Neuromedizin Verlag, 2006

hasse meine Vergangenheit! Ich will sie ausstreichen! Ich will leben, als wenn nichts geschehen wäre, was geschehen ist!"
Ist ein solches Ansinnen realistisch? Hätte ein Bündnis mit der Zielsetzung, die Vergangenheit zu streichen, eine Chance? Ich meine, nein. Leben ist Gegenwart. Leben ist eine Gegenwart, die alle Vergangenheit in sich einbegreift. Das ist mir neulich ganz besonders anschaulich geworden, als ich mit meiner jüngsten Tochter einen Waldspaziergang machte.

Einige etwa 80 Jahre alte Bäume waren Tage zuvor gefällt worden. Sie blieb entzückt vor einem Baumstumpf stehen. "Sieh mal!", rief sie und zeigte auf die frische Schnittfläche. "Diese vielen deutlichen Ringe! Wie kommt das?" Ich erklärte ihr, dass das die Jahresringe eines Baumes seien.

"Jeder Ring entspricht einem Jahr. Du kannst zählen, wie alt der Baum ist. Der äußerste Ring ist in diesem Jahr gewachsen, der nächste Ring zeigt das Wachstum des vorigen Jahres usw. bis zur Mitte hin." Sie zählte und zählte. Plötzlich sagte sie: "Dieser Ring hier war mein Geburtsjahr. Zeige mir, wann du geboren bist!"

Wir hatten ein interessantes Spiel entdeckt. Wir markierten die Ringe, die den Geburtsjahren der Geschwister und der nächsten Verwandten entsprachen. Dann zogen wir von jedem so gewonnenen Markierungspunkt die kürzeste Linie nach außen bis zur Rinde des Baumstumpfs. Eine solche Linie wird als radikale Linie bezeichnet. Sie wird nur dann nicht bis zur Rinde ausgezogen, wenn der Betreffende schon gestorben war. Dann endet die Linie bei dem Ring, der dem Jahr seines Todes entspricht. In einem Fall war die auf diese Weise gewonnene Lebenslinie vollständig. Sie war die Strecke, die für meinen im Krieg gefallenen Onkel die Jahresringe von 1923 bis 1944 durchmisst.

Als wir einige uns nahestehende Personen mit dieser Art von Lebenslinien in unseren Baumstumpf eingetragen hatten, zeigte sich, dass nicht nur ein interessantes Bild entstanden war. Es gab noch viel mehr zu entdecken.

Wir erkannten nämlich an der Verschiedenheit der einzelnen Ringe, dass einige Jahre dem Wachstum des Baumes besonders förderlich, andere besonders abträglich gewesen sein mussten. Denn es gab breite und kräftige, aber auch dünne und unscheinbare Jahresringe. Wir konnten jetzt eine für uns ganz ungeahnte Seite zu den aufgetragenen Lebenslinien ergänzen. Wir erfuhren nämlich so etwas über den Verlauf der Lebensjahre, über Nässe und Trockenheit der Witterung. Sogar ein Waldbrand, den dieser Baum offenbar überstanden hatte, ließ seine Spuren erkennen.

Wir waren beeindruckt von unserer Entdeckung. Und ich muss gestehen, dass jene Erfahrung mir immer wieder einmal vor Augen tritt. Vor allem dann, wenn mir ein Patient gegenübersitzt, der mich bittet, ihm bei seinem Anliegen beizustehen, seine Vergangenheit wegzustreichen. Ich kenne Menschen, die sich geschliffene Querschnitte uralter versteinerter Bäumen in ihrer Wohnung aufstellen. Und ich vermute, dass dies etwas mit dem Zauber jener Erfahrung zu tun hat, dass alle Vergangenheit überhaupt nur insofern Wirklichkeit bleibt, als sie in die Gegenwart eingeht, als sie jetzt in der Gestalt der Gegenwart vorhanden ist und in ihr angetroffen werden kann. Der Baum stammt nicht erst von heute. Er ist heute eine Gestalt, die aus seiner ganzen Geschichte besteht, aus allen Schichten, die Jahr für Jahr ihn markierend an ihm gewachsen sind, besser gesagt, die er selbst wachsend geworden ist.

Die Jahresringe einer Baumscheibe

sind Schichten, an denen sowohl das Alter des Baumes als auch Umwelteinflüsse ablesbar sind.

Die Gestalt des Baumes ist geschichtet, ist seine Gegenwart und zugleich seine Geschichte.

Buche

Auch der Körper eines Menschen ist seine Geschichte

In Redwood, nahe bei San Francisco, sind unter Glas eingerahmt hauchdünne Querschnitte von Bäumen zu besichtigen, die weit über 1.000 Jahre alt geworden sind. Sie legen ein beredtes Zeugnis ab von der Geschichte als vergegenwärtigte Vergangenheit.

Die 43-Jährige, die mir kürzlich ihr Herz ausschüttete, heißt Isabell Berg. Sie hat eine Psychoanalyse hinter sich, durch die eine Reihe nervöser Störungen behoben werden konnte. Sie hat gesellschaftlichen Erfolg, ein Kind von neun Jahren und einen lebensunsicheren, begabten Mann als Ehepartner. Eigentlich ist alles in Ordnung. Sie hat auf vielen Gebieten das geschafft, was sie sich vorgenommen hatte. Nun zeigen sich erste Signale der Wechseljahre, es gibt plötzliche Stimmungsschwankungen. Mit einer kleinen Nachhilfe durch Hormonpillen ließen sich diese Symptome ganz gut beherrschen. Aber da ist noch etwas anderes. Durch die polierte Kruste einer offensichtlich perfekten Lebenstechnik brechen Ängste hindurch wie kurze, aber bedrohliche Ausbrüche ungeahnter Vulkane.

„Diese Anfälle sind eigentlich lächerlich", sagte sie, „sie sind nur kurz und haben gar keinen Inhalt. Ich habe mir gesagt: So etwas kann es gar nicht geben! Das ist Blödsinn!" Sie machte ein Gesicht, als wollte sie das Ganze abtun, es als einen bedauerlichen Irrtum bei der Schaltung nervlicher Verbindungen erklären. Sowie man sagt: „Verzeihung, falsch verbunden!", und dann den Hörer auflegt, um neu und richtig zu wählen. Sie wollte tapfer und sachverständig aussehen. Aber ihr Lächeln war unsicher und um den Mund zuckte es. Sie kämpfte mit den Tränen. Dann schüttelte sie heftig den Kopf. „Das ist doch verrückt!", brachte sie hervor. Dann ließ sie den Kopf sinken. Und ganz leise kam von ihren Lippen: „Ich habe einfach Angst! Ich kann nicht mehr!" Schweigen. Keine Tränen. Ihre Augen waren plötzlich ganz weit und auf mich gerichtet. „Was ist los mit mir? Gibt es Hilfe?"

Bei unseren nächsten Begegnungen erzählte mir Frau Berg, wie sie es bei ihrer psychoanalytischen

Behandlung angestellt hat, mit einigen Problemen fertigzuwerden, indem sie Ereignisse ihres Lebens als schwere Fehler bewertete. Da war beispielsweise eine Affäre mit ihrem Lehrer im letzten Schuljahr. Sie hatte ihn in jugendlichem Mutwillen verführen wollen und dieses Ziel auch erreicht. Der Lehrer hatte damals im Zusammenhang mit dieser Sache Unannehmlichkeiten bekommen. Sie hatte sich nichts daraus gemacht. Er hätte es voraussehen und vermeiden müssen. Was ging sie das an? In ihrer Psychoanalyse hat sie dies berichtigt. Sie erkannte ihre Verantwortlichkeit an und ging mit sich ins Gericht.

„Jene Isabell von damals lehne ich ab!", sagte sie. „Ich will mit ihr nichts zu tun haben! Gott sei Dank bin ich heute anders. Das könnte mir nicht mehr passieren. Aber der Kerl ist ebenso schuldig! Ich würde niemals mehr mit ihm etwas zu tun haben wollen. Für mich existiert er nicht mehr. Wenn ich ihn je wieder treffen sollte, er wäre für mich einfach nicht da!"

Während ich zuhöre, stelle ich mir eine Welt vor, die immer kleiner wird. Da ist jene 17-Jährige von damals und da ist ihr Lehrer-Geliebter, die beide einfach aus der Welt ausgebootet werden sollen. Doch beide sind nicht allein. An ihnen hängen Orte gemeinsamen Erlebens, gemeinsame Bekannte, gemeinsame Interessengebiete. Alles das wird kurzerhand mit ausgesperrt aus dem Raum des Lebens. Die Welt schrumpft. Sie wird endlicher, übersichtlicher, perfekter. Sie wird beengter und beengender. Und nun meldet sich das Leben aus der dunklen Mitte, stemmt sich gegen die Beengung, bricht hervor, wetterleuchtet. Angst schüttelt die Frau. Nackte Angst.

Ich sage: „Erzählen Sie mir etwas von jener 17-Jährigen, wie sie es angestellt hat, den Lehrer rumzukriegen.

Lassen Sie das Mädchen jetzt wieder vor uns lebendig werden, bitte!"

Frau Berg greift diesen Vorschlag erst bei unserem nächsten Gespräch auf. „Da sitzt sie allein in der Klasse", beginnt sie zögernd. „Sie, das ist Isabell, muss nachsitzen, weil sie die Hausaufgaben nicht gemacht hat und sich in der Pause erwischen ließ, als sie von ihrer Nachbarin abschreiben wollte. Und da ist auch dieser verdammte Kerl, dieser Lehrer, der die 17-Jährige zu beaufsichtigen hat. Oh, das ist schwer. Ich kann beide nicht ausstehen!" – „Erst mal weiter", sage ich.

„Na gut! Da sitzt sie und hat gar keine Lust, die ihr gestellten Aufgaben zu lösen. Sie seufzt und weint ein bisschen und kaut auf ihrem Kugelschreiber herum. Da kommt der Lehrer, tritt hinter sie, legt ihr eine Hand auf den Kopf und sagt: ‚Ist ja nicht so schlimm, Isabell. Wir werden es schon schaffen.‘ Dieser Schuft! – Isabell lehnt ihren Kopf unmerklich an ihn. Aber er merkt es. Und es kommt, wie es kommen muss. So wie sie seinen Trost mit Annäherung – nein, das ist es nicht, nicht mit Annäherung beantwortet sie ihn, aber sie weist ihn auch nicht in die Schranken. Sie duldet es. Sie lässt ihn spüren, dass sie es duldet. Und er, dieser Schuft, lässt sie spüren, dass er es merkt, dass er sich nicht wehrt, dass er einlenkt, eingeht auf das Gefühl, das immer mächtiger wird … Wir küssen uns. Dabei berührt er meine Brust. Ich genieße das erregte Atmen – von ihm und auch von mir. Das ist alles."
„Tatsächlich?", frage ich zurück.
„Bestimmt!", sagt sie. „Es hat geläutet. Die Stunde war um, es hatte erst gegen deren Ende angefangen. Später wurde es mehr, erst später!"

Ein anderes Mal nehme ich das Gespräch wieder auf und sage: „Sie sind heute eine 43-jährige Frau. Bitte sagen Sie etwas zu der 17-jährigen Isabell. Die Stunde Nachsitzen, von der sie berichtet haben, ist um. Sie haben Sie so gut beschrieben, dass ich Isabell, die 17-Jährige, so richtig vor mir sehe. Sprechen Sie mit ihr!"

Nach einigem Zögern geht sie darauf ein. Offenbar gelingt es ihr, sich selbst im Alter von 17 Jahren vor sich zu sehen. „Ich will dich nicht sehen!", ruft sie verbittert. „Prügel verdienst du! Eine Hure wirst du werden! Das sehe ich kommen, du widerliche Person! Heirate ihn doch, diesen feinen, verheirateten Herrn. Wie dumm du doch bist. Scher dich fort!" Sie steigert sich in Zorn hinein.
„Von wem haben Sie das gelernt?", frage ich. „Wer ist so mit Ihnen umgegangen? In wessen Rolle sind Sie, wenn Sie dieses Mädchen so abkanzeln?"
Verblüfftes Schweigen.
„So war meine Mutter zu mir. Diese Art von ihr hasse ich. Ich wollte immer anders werden, als meine Mutter es war. Ich bin auch anders geworden. Ich habe meinen Sohn besser erzogen."
„Ja", erwidere ich, „aber jene 17-Jährige, die jetzt vor uns beiden steht, braucht Sie als Mutter nötiger, als Ihr Sohn Sie braucht. Sie hat niemanden außer Ihnen, überhaupt niemanden. Außerdem sind Sie es selbst! Fragen Sie sich mal, Frau Berg, was Sie jetzt hier in der Rolle jener 17-Jährigen wirklich notwendig brauchen."
Ich sehe, wie sie mit sich kämpft. Schließlich wird das Gefühl übermächtig. Es ist wie ein Zusammenbruch und ein neuer Anfang zugleich.

Offenbar gibt es in jedem Menschen das Väterliche und das Mütterliche als Möglichkeiten, die ausreifen wollen. Ich stelle mir das gleichnishaft so vor, dass es im

Menschen einen Vater- und einen Mutterthron gibt, die zunächst beide leer sind und von äußeren Eltern oder Personen mit entsprechender Funktion verwaltet werden. Mit zunehmender Reife benötigt der Mensch von außen her immer weniger Liebe, um zu leben. Er nimmt schließlich seinen Vater- und Mutterthron selber ein. Damit ist sein Recht erloschen, Liebe von außen her zu begehren. Der Mensch ist erwachsen geworden und damit selbst ein Liebender. Das aber beinhaltet das liebende Hereinnehmen der ganzen Vergangenheit in die Gegenwart. Dieser Reifungsprozess besteht darin, dass sich echte eigene Mütterlichkeit aus dem Inneren entbindet und gleichzeitig das alte, von außen stammende Mutterklischee zerbrochen wird. Das kann weder durch theoretische Überlegungen noch durch Meditation erfolgen. Das geschieht vielmehr im Zusammenhang mit bewusstem Handeln, bei dem der Mensch seine Liebe erweckt, Liebe übt und dadurch das erlöst, was ihm an Dunkelheit anhaftet. Darin besteht die Kraft, die ein Mensch braucht, um seine Vergangenheit zu verarbeiten.

Diesen Vorgang, zugleich Zusammenbruch und Neubeginn, erleben wir bei Frau Berg, wenn sie schließlich mit veränderter und rauer Stimme zu sprechen beginnt:
„Ich will dich nicht allein lassen! Geh nicht weg, Isabell. Lass das Unglück nicht geschehen! Komm her zu mir. Ich nehme dich auf, wie immer du auch bist, was auch geschehen sein mag. Isabell, ich liebe dich doch! Verzeih mir, Kind, meine Große! Du, mein eigenes Herz! Lass uns beieinanderbleiben. Oh, mein Gott!"
Sie schluchzt. Ich bin ergriffen. Mir ist warm ums Herz. Ich fühle, dass ich ein Wunder erlebe. Das sind Augenblicke, in denen mir das Spiel mit den Lebenslinien auf jenem Baumstumpf einfällt und ich begreife, dass es

keine Vergangenheit gibt, sondern nur geschichtete Gegenwart.

„Frau Berg", frage ich sie ein anderes Mal, „wie haben Sie vor Ihrer Therapie zu der 17-jährigen Isabell gestanden und wie ist die Änderung vor sich gegangen?" „Ich war mir immer fremd", erwiderte sie. „Ich hatte gar keine wirkliche Beziehung zu mir. Ich habe die Isabell mit ängstlicher Scheu betrachtet und sie, wenn so etwas wie mit dem Lehrer war, teils bestaunt, teils ausgelacht. Jetzt erinnere ich mich. Ich bin meistens schadenfroh gewesen ihr gegenüber, habe sie geneckt und oft geärgert. In meiner Psychotherapie habe ich dann gemerkt, dass es so nicht geht. Ich habe mich mehr und verständiger um Isabell gekümmert. – Merkwürdig, dass ich jetzt so von ihr sprechen kann. Ich habe nicht mehr gelacht, sondern reinen Tisch machen wollen. Das eine ist das, was ich von mir akzeptieren will, und das andere das, was man einfach nicht durchgehen lassen kann. Das habe ich dann abgelehnt. Jetzt merke ich, dass ich nicht säuberlich zwischen Isabell und Isabells Verhalten unterschieden habe. Ich habe das Kind mit dem Bade ausgeschüttet, wie man so sagt. Ich habe nicht erklärt: ‚Sieh mal, Geliebte, das, was du machst, ist falsch.' Ich habe gesagt: ‚Du bist falsch!', und mich selbst insoweit abgelehnt." Diesen Worten von Frau Berg ist wenig hinzuzufügen. Sie hatte in der vorhergehenden Behandlung etwas Wesentliches missverstanden. Es kommt nicht in erster Linie darauf an, zwischen Gut und Böse zu unterscheiden, sondern darauf, Liebe zu üben im Umgang mit sich selbst an jedem Tag, zu jeder Stunde, in jeder Handlung unserer Vergangenheit, an die wir uns erinnern.

Das mag verwunderlich klingen und manchem als Egoismus oder Narzissmus erscheinen. Ich erinnere mich an folgendes Beispiel:

Ernst Westphal war zwölf Jahre alt, als er seine Behandlung bei mir begann, weil er in der Schule trotz guter Intelligenz völlig versagte. In einer Behandlungsstunde gab es zwischen uns folgendes Gespräch.

„Mein Vater hat sich eigentlich immer gut mit mir verstanden. Er war nur selten mit mir zusammen. Er musste immer arbeiten und Geld verdienen. Ich erinnere mich an ein einziges Mal, dass er mich zurückgestoßen und abgelehnt hat. Aber da war er im Recht. Ich kann ihn verstehen."

„Was ist denn da vorgefallen?", warf ich ein.

„Ich war fünf Jahre alt und hatte mit meinen Freunden auf unserem Spielplatz die Zeit vergessen. Ich kam deshalb zu spät nach Hause. Aber das war nicht das Schlimmste. Ich hatte plötzlich ganz dringend gemusst. Da ist das ganze große Geschäft in die Hose gegangen. Ich habe mich kaum nach Hause getraut. Es ist mir heute noch peinlich, wenn ich daran denke. Wie mein Vater das gemerkt hat – es war ja nicht schwer, es zu merken –, da hat er mich rausgeschubst und geschrien: ‚Komm mir nicht unter die Augen! Du bist mir widerlich!'"

„Und was sagst du heute dazu?", fragte ich ihn.

„Es war ein bisschen übertrieben", meinte Ernst zögernd, „ich habe so etwas auch niemals wieder getan. Er war eben wütend."

„Wie alt war Ernst damals?", fragte ich nach. „Stellen wir uns mal vor, die Tür geht auf und der kleine Junge – sagtest du fünfjährig? – kommt jetzt hier rein und es wäre ihm gerade so ergangen wie dir damals: Er käme zu spät und hätte die Hosen voll. Was würdest du sagen?"

„Ich würde mir nichts daraus machen", antwortete Ernst. „Aber sieh ihn dir doch genauer an! Dieser kleine Kerl hat so prächtig gespielt mit seinen Kameraden. Er hat dabei die Zeit und seinen Stuhldrang vergessen und nun kommt er zaghaft, ängstlich und offensichtlich in großer Not zur Tür herein. Er heißt Ernst wie du. Du bist es selbst, dieser kleine, in Angst und Not schwebende Junge, der fünf Jahre alt ist und da ganz deutlich vor uns steht. Und du machst dir nichts draus? Du willst ihn zwar nicht rauswerfen, nicht wütend auf ihn sein. Aber, sag mal, was braucht der kleine Ernst eigentlich jetzt von dir? Wozu braucht so jemand eigentlich einen Vater?"

Ernst schluckt. Er merkt nicht, wie er beide Hände nach vorne ausstreckt und mit Tränen in den Augen flüstert: „Du brauchst mich jetzt, gerade jetzt. Komm zu mir, mein Junge!"

Vor mir sah ich jetzt die Lebenslinien aus unserem Spiel mit dem Baumstumpf. Ich habe den Zwölfjährigen in den Arm genommen und hin und her gewiegt. Es ist schön, wenn die enge, verkleinerte Welt sich weitet, wenn Leben sich einfleischt, wenn Vergangenheit wirklich wird und in die Gegenwart eintritt. Dann wird das Herz warm und durchsichtig für das Ganze der Welt. Nicht selten kommen auch mir Tränen, wenn ich Zeuge davon werde, dass Liebe in unsere Welt herein geboren wird. Der zwölfjährige Ernst hatte zuvor den fünfjährigen Ernst aus sich aussondern wollen und dem Vater verziehen. Jetzt war der Fünfjährige erstmals in seine Geschichte mit wacher Herzlichkeit aufgenommen worden. Ist das Egoismus? Ist das Narzissmus? Ich meine nein. Ernst Westphal hatte vielmehr ein Stück eigener Väterlichkeit ausgereift. Er war damit erwachsener, männlicher und anwesender geworden.

Zum Schluss berichte ich noch von einer Unterredung mit einer 56-jährigen Frau, nennen wir sie Ingrid Maierhofer.

„Es gibt etwas ganz Schlimmes in meinem Leben. Darüber möchte ich nicht sprechen. Ich habe schon so oft und so viel darüber gesprochen. Das nützt nichts. Ich werde damit nicht fertig!" Die schmächtige Frau sitzt ganz vorn auf der Stuhlkante. Die Oberarme liegen eng am Brustkorb, sie bewegt ihre Arme erst vom Ellbogen an. Die Hände hängen am Handgelenk abwärts. Sie spricht leise, ihre weit geöffneten Augen sind ständig in Bewegung, als hüpfe ihr Blick an der hinter mir liegenden Wand zwischen zwei bestimmten Punkten unermüdlich hin und her. Der Kopf und das Gesicht werden unbeweglich gehalten. Sie ist depressiv, ängstlich, eng und gehemmt. Das Gespräch dreht sich um die Lasten des Alltags, um das Viele, das sie nicht schafft, was sie aber schaffen will, schaffen muss.

Sie sucht Rat, wie sie noch mehr aus sich herausholen kann, um den Anforderungen zu genügen. Ich höre ihr zu. Es gibt fast nichts dazu zu sagen. Manchmal frage ich dazwischen: „Mögen Sie sich eigentlich leiden, Frau Maierhofer?" Dann errötet sie ein wenig, rutscht ein bisschen auf dem Stuhl zurück, hält die Augen einen Augenblick lang still, lächelt und fährt mit dem Sprechen fort, als hätte sie meine Frage nicht vernommen.

Einige Beratungsstunden vergehen. Frau Maierhofer kommt immer pünktlich, wie sie alles befolgt, wovon sie denkt, dass es sich so gehört. Eines Tages sagt sie: „Es hat doch keinen Zweck. Und wenn sie mich rausschmeißen, ich muss es sagen. Ich habe es mir vorgenommen. Sagen Sie auch, dass ich es sagen muss?"

Ich schweige. Sie sieht mich nicht an, wie immer. Ihr Blick tanzt hinter mir an der Wand wie der hastig schwingende Perpendikel einer kleinen Kuckucksuhr. Hin und her, hin und her. Dann senkt sie den Kopf. Die Hände hält sie gefaltet und presst die Finger dabei so eng aneinander, dass sie weiß und blutleer werden.

„Es ist schon lange her", beginnt sie. „Ich war 18 Jahre alt und stand kurz vor dem Abschluss meiner Lehre. Ich wohnte nicht zu Hause bei meinen Eltern. Ich hatte niemanden, mit dem ich darüber reden konnte. Da habe ich gedacht, ich muss verrückt werden, weil ich schwanger geworden war. – Ich mag es doch nicht sagen. Doch, ich muss es sagen", kämpft sie mit sich. „Ich habe abgetrieben. Es sollte nie wieder passieren. Und, es ist ganz unverzeihlich – knapp ein Jahr später ist es wieder passiert! Das ist alles. Nun schmeißen Sie mich sicher raus, nicht wahr?"
„Sie haben mir früher erzählt, dass Sie diese Ereignisse schon verschiedentlich berichtet hätten, Frau Maierhofer. Wie ist es Ihnen denn danach ergangen?"
„Ich habe gelernt, dass da gar nichts dabei ist. Ich bin verrückt, wenn ich mir Vorwürfe mache. Beide Abtreibungen waren im zweiten Monat, da ist von Mensch noch gar nicht die Rede. Da ist noch alles wie Gelee. Meine Krankheit besteht darin, dass ich mir aus nichts eine schwere Last mache. – Doch ist wirklich alles nur eine Bagatelle? Was sagen Sie denn dazu? Werfen Sie mich jetzt nicht raus?"

Hier gab es nichts zu schweigen. Hier brauchte die Frau unmittelbar die Stellungnahme eines anderen Menschen. Ich hatte mich zu stellen und ihr meine persönliche Sicht zu sagen. „Für mich ist Abtreibung Menschentötung", sagte ich. „Der einzelne und unverwechselbare Mensch ist von dem Augenblick an vorhanden, wenn sein Erbbild festliegt. Von dem Moment an lebt der Mensch und durchläuft die verschiedenen Phasen seiner Existenz nach dem ihm eigenen Programm. Der Zeitpunkt, zu dem jeder von uns sein individuelles Menschenleben begonnen hat, liegt kurz vor der Einnistung in die Gebärmutter. Für mich besteht deshalb kein Zweifel daran, dass sie zweimal einen Menschen getötet haben, Frau Maierhofer."

Sie saß ganz still vor mir und schwieg ebenso wie ich. Nach einer ganzen Weile sagte sie schließlich: „Jetzt verachten Sie mich. Jetzt lehnen Sie mich ab. Jetzt behandeln Sie mich nicht mehr, nicht wahr!?"

Dann schwiegen wir beide wieder. Sie nahm mit allen Fasern ihres Leibes, so gut sie konnte, wahr, dass ich nicht aufstand und fortging, dass nichts zwischen uns stand. Das Schweigen war dunkel und dicht von einer Nähe, die man nicht sieht, die man eventuell fühlt, wie sich damals das warme Strudeln des Fruchtwassers angefühlt haben mochte, als man noch so unbedeutend wie ein Embryo im eigenen Weltall herum strampelte, nur umgrenzt von den Eihäuten.

Ihre Worte „Ich habe es immer gewusst, immer!" störten das Schweigen nicht. Sie gehörten zu unserem Schweigen, das sich anfühlte wie eine Tropennacht, mit kaum hörbarem Knacken von Zweigen, mit Rascheln von Laub, mit Geräuschen, die sich entfernten, uns beruhigten, uns leben ließen in einer auf ungewöhnliche Weise gemeinsamen, in Schuld verstrickten Welt: „Ich habe es immer gewusst, immer!"

Ganz allmählich gelang es der Wirklichkeit, unsere Augen wieder mit Alltäglichem zu fesseln. Wir tauchten wieder auf. Da stand der Schreibtisch. Da war das Fenster. Durch jene Tür waren wir hereingekommen.

„Wir sind Verbündete, Frau Maierhofer", sage ich. „Stellen Sie sich bitte einmal vor, dass jene 18-jährige Ingrid Maierhofer jetzt zu uns beiden durch jene Tür hereinkommt. Sie ist unerfahren, schwanger, frigide, verzweifelt. Sie spricht nichts. Sie will wieder fort. Sie sieht uns gar nicht. Ihre Angst verriegelt sie. Sie will nichts sagen. Sie will vielleicht töten. Das ist 38 Jahre her. 38 Jahre lang haben Sie sie verstoßen. Jetzt steht sie 18-jährig wieder vor uns. Spucken Sie sie an, beschimpfen Sie sie! Jagen Sie sie fort, wenn Sie so weitermachen wollen! Sagen Sie mir, dass ich sie rauswerfen soll!"

Ingrid Maierhofer hat die Hände vor ihr Gesicht gepresst. Sie kann ihr Schluchzen nicht unterdrücken. „Ich bin schlimmer als du, Ingrid!", kommt es vom Schluchzen zerhackt aus ihr hervor. „Ich habe dich verlassen – die ganze Zeit. Ich wollte besser sein als du! Oh, komm – Ingrid, verzeih du mir!"
Ich führe sie zur Untersuchungsliege, decke sie zu, schließe die Vorhänge und bleibe kurze Zeit noch bei ihr im Raum, bis sie mitten im Schluchzen und Stöhnen einschläft. Tiefe Erschöpfung macht es ihr möglich, loszulassen. In ihrem Gesicht, noch nass von Tränen, steht ein Lächeln. Sie ist an das Kissen angeschmiegt wie an einen Geliebten. Ingrid Maierhofer! Das ist Ingrid Maierhofer. Ich gehe derweil etwas nach draußen, sehe andere Menschen, spielende Kinder, Schaufenster. Die Luft riecht nach Staub, nach Benzin, mit einem öligen Geschmack von Fischkonserven. Die gemeinsame, als verbindlich vereinbarte Wirklichkeit gräbt dies alles unerbittlich in die Sinne ein.

Bäume stehen am Straßenrand. Wieder denke ich an die Jahresringe. Ingrid Maierhofer hat sich, weil sie sich das Töten nicht verzeihen wollte, selbst ausgehöhlt. Jetzt schläft sie in das neue, gemeinsame Leben mit sich hinein. Liebe ist in ihr aufgebrochen. Die Liebe hat ihre Vergangenheit voll bejaht, sie in ihre Gegenwart hereingenommen. Und das angesichts eines gleichermaßen schuldverstrickten anderen Menschen.

Sie schlief zweieinhalb Stunden. Als sie die Augen aufschlug, sah sie mich an. Sie war einfach da. Nachdem sie sich gestreckt hatte, stand sie auf, gab mir die Hand und sagte: „Na, dann bis Dienstag, wie gewöhnlich." Dann war sie gegangen. Nicht mehr wie etwas Besonderes oder Gesetztes, sondern schlicht als einfacher Mitmensch: „Wie gewöhnlich". Ich wüsste es nicht besser auszudrücken.
Die Verarbeitung der Vergangenheit ist für den Menschen nicht leicht. Sein Bewusstsein hat dabei mitzuwirken. Nur im Üben der Liebe zu sich selbst als zu dem in aller Vergangenheit und sich ständig neu begegnen wollenden Allernächsten reifen unsere Mütterlichkeit und Väterlichkeit aus. Auf diesem Wege kann die Menschenfurcht, das Suchen nach Liebe von außen und von anderen her überwunden werden. Auf diesem Weg kann der Mensch zum Verständnis für seine Mitmenschen gelangen und von einem Liebessucher zu einem Liebenden werden, der dann in der Gesellschaft seine Funktionen mit menschlicher Anwesenheit ausüben kann.

Die Kraft, die es ermöglicht, Vergangenheit zu verarbeiten, anstatt sie zu verdrängen, und sie von sich abzuweisen, besteht im Üben der Liebe zu dem Nächsten, der jedem von uns in der eigenen Geschichte in unzähligen Gestalten begegnet.

Nachwort

So mit seiner Vergangenheit umzugehen, dass sie einem hilft, das Leben frohgemut zu bewältigen und zuversichtlich die Zukunft anzugehen, ist keine leichte Aufgabe. Sie begleitet uns lebenslänglich, da in jedem Augenblick wieder etwas Vergangenheit hinzukommt. Die Psychopädie nach Dr. Udo Derbolowsky ist eine Lehre, die Erkenntnisse und Wege enthält, wie es gelingen kann, diese Aufgabe immer wieder gut zu bewältigen.

Ausfühliche Informationen zur Psychopädie und entsprechenden Kursangeboten erhalten Sie im Internet unter info@psychopaedie.de
bzw. bei der Privaten Akademie für Psychopädie in 82110 Germering (homepage: www.psychopaedie.de).

Vertiefende Literatur von Jakob und Udo Derbolowsky zu psychopädischen Themen bekommen Sie über das Internet unter info @psychopaedica.de bzw. bei dem Psychopädica Verlag und Vertrieb in 82110 Germering, Waldstr. 2 b (homepage: www.psychopaedica.de)

*   *   *   *   *   *   *   *   *   *   *   *   *   *   *   *   *   *   *

Mit den Themen Vergangenheit und Vergangenheitsbewältigung wurde diese Reihe eröffnet. In den nächsten Bänden werden weitere Bereiche der Psychopädie behandelt. Dazu gehören ergänzend die Aspekte unserer Vergangenheit, die fundamental unser aktuelles Handeln steuern, nämlich der individuelle Charakter und die Charakterstrukturen sowie die Bildung und Entwicklung von Neurosen- bzw. Gehemmtheitsstrukturen mit ihren Auswirkungen auf die Lebensgestaltung.